Collection dirigée par Henri Mitterand

KU-465-729

Le Rouge
et le Noir

Stendhal

- **des repères pour situer l'auteur, ses écrits, l'œuvre étudiée**

- **une analyse de l'œuvre sous forme de résumés et de commentaires**

- **une synthèse littéraire thématique**

- **des jugements critiques, des sujets de travaux, une bibliographie**

Patrick Laudet
Agrégé de Lettres modernes

En mémoire d'Andrée Rosary
et avec mes remerciements
à Michel Lavialle pour sa collaboration.

© Éditions Nathan, 1989
ISBN 2.09.188606.08

La vie de Stendhal

LES ANNÉES DE FORMATION

Stendhal, de son vrai nom Henri Beyle, est né à Grenoble le 23 janvier 1783. Son enfance est dominée par la **tyrannie** qu'exercent sur lui et son **père** et son **précepteur**, le noir abbé Raillane. Il n'a pas sept ans quand **meurt sa mère** qu'il adore :

« Ma mère, madame Henriette Gagnon, était une femme charmante et j'étais amoureux de ma mère |...| Je voulais couvrir ma mère de baisers et qu'il n'y eût pas de vêtements. Elle m'aimait à la passion et m'embrassait souvent |...| J'abhorrais mon père quand il venait interrompre nos baisers. »

C'est sur son **bon grand-père maternel, Henri Gagnon**, qu'il reporte toute son affection. Adepte des philosophes des Lumières, le vieil homme l'initie à l'esprit de liberté ; depuis sa terrasse, il lui montre les étoiles, lui explique comment les plantes se fiancent avec les abeilles pour faire du miel et contribue beaucoup à l'éveil de sa sensibilité. L'exécution de Louis XVI est saluée avec joie par l'enfant qui confond la **cause républicaine** avec sa lutte personnelle et domestique contre le père. Quand un prêtre lui déclare, pour le consoler de la mort de sa mère, que Dieu l'a voulu ainsi, c'est le début d'une relation plus que difficile avec cet autre qu'on appelle aussi le Père, et surtout avec la plupart de ses représentants sur terre. A l'École centrale de Grenoble, il se passionne pour les **mathématiques** dans lesquelles il voit autant une chance de fuir son milieu familial que l'exemple d'une pensée ferme et logique qui, chez lui, tempèrera durablement la sentimentalité romantique de sa génération.

« L'ITALIEN »

Ardent à l'aventure et désireux de vivre, il renonce pourtant à présenter le concours de l'École polytechnique pour s'engager comme **sous-lieutenant dans l'armée d'Italie,** derrière ce jeune Bonaparte qu'il servira jusqu'à sa chute. De 1800 à 1815, il est un bon fonctionnaire impérial et il participe même à la campagne de Russie. Mais la monotonie de la vie militaire finit par l'ennuyer alors que s'affirme son **goût pour le théâtre,** et surtout pour **l'opéra.** A l'inconfort des casernements, il préfère les raffinements de la vie mondaine et galante et recherche autant les plaisirs de l'esprit que la gloire des champs de bataille. **Milan,** où il se fixe au retour des Bourbons et où il séjourne de 1814 à 1821, lui paraît une ville enchanteresse. Dès 1820, il voue son cœur à ce pays « où les orangers poussent en pleine terre » et pense chaque jour à l'inscription qu'il rêve pour sa tombe :

ERRICO BEYLE
MILANESE
VISSE, SCRISSE, AMÒ
QUEST' ANIMA
ADORAVA
CIMAROSA, MOZART E SHAKESPEARE…

L'Italie restera toujours sa terre d'élection car on y a le culte de la beauté, de l'amour, de la musique et des grandes passions qui, pour lui, sont des composantes essentielles et indissociables du **bonheur** tel qu'il aime en faire la « chasse ». Cependant, ses liaisons amoureuses sont aussi multiples que malheureuses, peut-être moins à cause d'un physique ingrat que parce que son goût du bonheur portait trop haut ses exigences sentimentales. Suspecté un temps de libéralisme par les autorités autrichiennes qui gouvernent alors le nord de l'Italie, **il doit rentrer à Paris où il vit en dandy et fréquente les salons** sans être vraiment admis dans aucun d'eux. Amer, déçu, endetté, il ne peut vivre en homme de lettres et accepte en 1830 un poste de **consul à Trieste,** puis à **Cività-Vecchia** où il traînera un ennui qu'aggravera la maladie. Pour passer son temps, il travaille à de nouvelles œuvres malgré l'insuccès des premières. Il fait aussi plusieurs voyages dans le midi de la France et à Paris. C'est à l'occasion de l'un de ces congés diplomatiques qu'il meurt à Paris, le 23 mars 1842, des suites d'une crise d'apoplexie.

« ÊTRE LU EN 1935 »

Ses œuvres ont été peu comprises et Stendhal le savait bien qui mettait son ambition à « être lu en 1935 ». Il donne l'impression de s'être mal accordé avec son temps, d'où sa tendance à **l'égotisme**, qui est à comprendre comme **culte du moi** et **recherche du bonheur** dans le mépris de l'opinion d'autrui. C'est à partir des années 1880 qu'il devient à la mode par la redécouverte de son œuvre. Mais où s'arrête la biographie de l'homme Henri Beyle commence l'histoire de Stendhal, c'est-à-dire d'un être qui est partout dans son œuvre et que l'on découvre là bien plus que dans les événements de sa propre vie. Ses nombreux insuccès, littéraires comme sentimentaux, la médiocrité de la vie de celui qui ne sera jamais ni un grand militaire, ni un brillant mondain, ni un diplomate reconnu expliquent peut-être à quel point il a vécu comme peu d'auteurs à travers la destinée de ses héros.

VIE ET ŒUVRE DE STENDHAL	ÉVÉNEMENTS POLITIQUES, SOCIAUX, CULTURELS
1783 Naissance de Henri Beyle à Grenoble (23 janvier).	
	1789 Révolution française. **Consulat.**
1800 Nommé sous-lieutenant. Découvre l'Italie avec son régiment de Dragons.	**1800** Mme de Staël : *De la littérature.*
1802 Démission d'officier.	**1802** Bonaparte, consul à vie. Chateaubriand : *Génie du christianisme.*
	1804 **Empire.**
	1805 Victoire d'Austerlitz.
1806 Suit l'armée impériale. Sert dans l'intendance.	**1806** Victoire d'Iéna.
1809 Avec la Grande Armée en Allemagne, Autriche, Hongrie.	**1809** Victoire de Wagram. Chateaubriand : *Les Martyrs.* Mme de Staël : *De l'Allemagne.*
	1810 Apogée de la puissance impériale.
1812 A Moscou avec la Grande Armée.	**1812** Campagne de Russie.
1814 Retour à Milan.	**1814** Campagne de France. Abdication de Fontainebleau.
	1815 **Première Restauration.** Les Cent Jours. Waterloo. **Seconde Restauration.** Règne de Louis XVIII.
1817 *Histoire de la peinture en Italie* et *Rome, Naples, Florence.* Prend le pseudonyme de Stendhal.	**1820** Lamartine, *Méditations poétiques.*
	1821 Joseph de Maistre, *Les Soirées de St-Petersbourg.*
1822 *De l'Amour.*	**1822** Saint-Simon, *Le Catéchisme des industriels.*

	1824 Mort de Louis XVIII. Règne de Charles X.
1825 *Racine et Shakespeare.*	
1827 *Armance.*	**1829** → **1848** : Balzac : *La Comédie Humaine.*
1830 *Le Rouge et le Noir.*	**1830** Révolution de Juillet. Les Trois Glorieuses. Chute de Charles X. Hugo : *Hernani.* **Monarchie de Juillet.** Règne de Louis-Philippe.
1831 Nommé consul à Cività-Vecchia.	**1831** Révolte des canuts à Lyon. Massacre de la rue Transnonain. Hugo : *Les Feuilles d'automne, Notre-Dame de Paris.*
1832 *Souvenirs d'Egotisme.*	
	1835 Vigny : *Servitude et grandeur militaires.*
1835 Rédaction de *La Vie de Henry Brulard.*	**1835** → **1837** : Musset, *Les Nuits.* Hugo, *Ruy Blas.*
1838 *Mémoires d'un touriste.*	
1839 *La Chartreuse de Parme.*	
1842 Mort de Stendhal à Paris, le 23 mars.	**1840** Gouvernement de Guizot. Sainte-Beuve, *Port-Royal.* Mérimée, *Colomba.*
	1848 Révolution de Février. **IIe République.**

L'œuvre littéraire

L'ANALYSE DE LA PASSION

Le jeune Stendhal rêvait d'écrire « des comédies comme Molière ». Ses premiers essais sont décevants mais il s'engagera plus tard aux côtés de Hugo dans la bataille romantique et écrira un petit essai contre la dramaturgie classique : *Racine et Shakespeare* (1823). C'est surtout en rédigeant son *Journal* (commencé en 1801 — il a 18 ans) qu'il fait sa plume. A Milan, il entreprend des ouvrages de critique musicale et picturale : les *Vies de Haydn, Mozart et Métastase*, et une *Histoire de la peinture en Italie*. Le premier livre qu'il signe du nom de Stendhal est *Rome, Naples et Florence* (1817), recueil de notations sur la société italienne. De retour à Paris, il observe le fonctionnement de la passion et, sous l'influence des Idéologues qui cherchent une analyse exacte des facultés humaines, il rédige *De l'Amour* (1822), essai psychologique à prétention quasi scientifique ; il y oppose notamment le coup de foudre au travail plus lent de ce qu'il appelle la « cristallisation » amoureuse, laquelle couvre l'être aimé de perfections et modèle la réalité sur le désir.

UNE ŒUVRE POUR LA POSTÉRITÉ ?

Son premier roman, *Armance* (1827), sera un échec. Mais son activité littéraire continue avec une *Vie de Rossini* (1823) et des *Promenades dans Rome* (1829). C'est en 1827 qu'un fait divers paru dans la *Gazette des Tribunaux*, l'affaire Berthet, lui inspire son premier grand roman, *Le Rouge et le Noir*, qu'il publie en 1830. Ce livre suscite la curiosité mais déconcerte. En 1834, il entreprend *Lucien Leuwen* qui voudrait être une satire des mœurs françaises sous la Monarchie de Juillet, mais l'œuvre reste inachevée. Il rapporte de ses voyages les

Mémoires d'un touriste, travaille à la *Vie de Henry Brulard*, son auto-biographie. En 1838, alors qu'il est à Paris, il dicte avec ardeur, en quelques semaines, un roman qu'il portait en lui et auquel il pensait souvent, *La Chartreuse de Parme* ; cet ouvrage lui vaut peu de suc-cès, mais un article élogieux de Balzac. Il publie aussi des petits récits d'aventures tragiques, réunis plus tard sous le nom de *Chroniques ita-liennes*, et met en chantier un dernier roman, *Lamiel*, que sa mort l'empêchera de terminer.

L'activité littéraire de Stendhal a laissé beaucoup de ses contempo-rains indifférents. Ce n'est qu'après sa mort que paraîtront *Lucien Leu-wen*, son *Journal*, la *Vie de Henry Brulard* et les *Souvenirs d'égotisme*. On ne découvrira vraiment son œuvre qu'à la fin du XIXe siècle ; elle connaîtra alors un succès qui ne s'est jamais démenti depuis.

LA QUÊTE DU MOI

Entre le journal, les récits de voyage, la théorie romantique, le roman et l'autobiographie, la production de Stendhal semble manquer de continuité ; il y a néanmoins une grande unité dans sa démarche. Enraci-née dans le terreau de quelques grands modèles (Shakespeare, Cimarosa, Mozart, le Tasse, Corneille, Molière, Rousseau, Cervantès) et affermie de quelques haines littéraires (Chateaubriand et les adep-tes de l'emphase), l'œuvre de Stendhal n'a poursuivi qu'une seule quête : celle du moi. L'approfondissement de la vérité intime de soi auquel se livre Julien Sorel dans *Le Rouge et le Noir* préfigure ce que Stendhal lui-même a cherché d'œuvre en œuvre. Ainsi les romans prolongent-ils l'autobiographie qui les irrigue abondamment ; c'est quand s'arrête la *Vie de Henry Brulard*, à l'arrivée des Français à Milan, que commence *La Chartreuse de Parme*, terme le plus accompli et le plus pur de cette quête dont *Le Rouge* n'est encore qu'une étape.

En bref

Le roman se passe sous la Restauration. D'abord à Verrières, petite ville du Jura. Le jeune Julien Sorel déteste son père, charpentier brutal, qui le lui rend bien. Aux travaux de force, il préfère les livres, particulièrement le *Mémorial de Sainte-Hélène* qui le fait rêver de Napoléon et d'ambition militaire. Mais autre temps, autres mœurs : pour sortir de Verrières, Julien se fera prêtre. Le curé qui l'a en affection lui a d'ailleurs appris le latin ; il le propose au maire ultra de la ville, M. de Rênal, qui, pour tenir son rang, recherche un précepteur bien-pensant : un futur abbé fera l'affaire. Julien est charmé par sa nouvelle vie et par Mme de Rênal, femme douce et belle dont la sensibilité rejoint la sienne ; ils deviennent amants. Mais le scandale qui couve l'oblige à partir au séminaire de Besançon. Il n'y trouve que des êtres grossiers qui le blessent. Son seul ami sera le directeur, le sévère abbé Pirard, qui le place à Paris comme secrétaire de M. le marquis de La Mole.

Julien découvre alors le monde brillant de l'aristocratie qu'il observe avec méfiance et mépris. Seule émerge la figure altière et passionnée de Mathilde, la fille du marquis ; séduite par le caractère farouche et singulier de notre héros, elle en fait son amant. L'orgueil de Julien sera comblé quand, enceinte, Mlle de La Mole obtiendra de son père des terres, un titre et le grade de lieutenant de hussards pour ce secrétaire qu'elle veut à tout prix épouser. Mais une lettre de Mme de Rênal vient tout casser ; contrainte par son confesseur, elle dénonce en Julien un intrigant. Celui-ci galope à Verrières, tire en pleine église sur une femme qui n'a cessé de l'aimer. Emprisonné, il découvre combien au fond de lui-même il lui est également attaché. Sans plus d'ambition que d'être enfin lui-même, jamais Julien ne sera plus heureux qu'avant de mourir, guillotiné. Mme de Rênal mourra trois jours après Julien.

Les personnages

Julien Sorel : fils du peuple qui regrette de n'être pas né plus tôt pour atteindre à la gloire militaire et qui passe l'essentiel de son temps et de ses amours à se prouver qu'il n'est pas rien.

Mme de Rênal : âme sensible qui découvre avec Julien qu'elle n'est faite que pour l'aimer.

Mathilde de La Mole : fière aristocrate que l'ennui pousse aux plus folles passions pour s'en croire capable, et qui cherche en Julien le sang de ses ancêtres.

Sorel Père : paysan rusé, autoritaire et cupide, haï de son fils.

M. de Rênal : maire de Verrières, homme-lige de la Restauration.

Marquis de La Mole : pair de France, royaliste ultra et estimable.

Abbé Chélan : curé de Verrières, intègre et bon, qui instruit Julien.

Abbé Pirard : sévère janséniste, protecteur de Julien au séminaire.

Fouqué : marchand de bois, ami de Julien.

Valenod (bourgeois parvenu, rival de M. de Rênal) ; **Elisa** (femme de chambre de Mme de Rênal, amoureuse de Julien) ; **Mme Derville** (cousine et confidente de Mme de Rênal) ; **Géronimo** (chanteur napolitain) ; **Amanda Binet** (serveuse de café à Besançon) ; **Abbé Castanède** (espion de la Congrégation) ; **Abbé de Frilair** (jésuite, grand vicaire à Besançon) ; **Norbert** (frère de Mathilde) ; **M. de Croisenois** (prétendant de Mathilde) ; **Prince Korasoff** (dandy russe) ; **Mme de Fervaques** (dévote puissante).

Résumé et commentaire

Livre premier

« La vérité, l'âpre vérité »
Danton

CHAPITRE 1 : UNE PETITE VILLE

RESUME

Verrières, petite ville pimpante de Franche-Comté, s'étage sur les pentes d'une colline, abritée au nord par une montagne du Jura, arrosée en contrebas par le Doubs. Un torrent la traverse qui « donne le mouvement à un grand nombre de scies à bois ». Cependant, c'est à une fabrique de toiles peintes que la cité doit sa récente prospérité, et surtout à une « belle fabrique de clous » qu'il est difficile de ne pas remarquer en entrant, à cause du bruit assourdissant qu'elle fait. D'ailleurs, elle appartient au maire, M. de Rênal, homme d'allure respectable, mais imbu de lui-même et de son rang, et finalement assez étroit d'esprit. Son talent réside dans les affaires ; il s'y est enrichi. Sa nouvelle maison en témoigne, qui domine la ville, ainsi que ses jardins en terrasses, hérissés de murs, qui descendent jusqu'au Doubs, et pour lesquels il lui a fallu négocier, au prix fort, des terrains occupés jusque-là par la scierie du « vieux Sorel », paysan dur et entêté, qui a su habilement tirer parti de son impatience. La mentalité des habitants n'est pas à la fantaisie : pour être considéré, à Verrières comme dans la région, il faut être **sage et modéré**.

Verrières : l'endroit et l'envers

Tout commence par une idylle de carte postale. Un cadre provincial idéal, paradis intemporel, aimable à souhait, s'épanouit au soleil de Franche-Comté. Après ce panoramique, un « travelling » en détaille les séductions ; mais le site est trop flatteur pour ne pas verser dans le **cliché touristique**. Cette beauté est suspecte. Aussi le point de vue (identifié comme celui d'un voyageur parisien) se resserre-t-il et le cheminement le long de la Grande Rue va-t-il pénétrer la réalité et révéler les tensions. La carte postale se déchire, on découvre que l'Histoire a fait irruption à Verrières. A mesure que l'on avance, le silence originel est envahi d'un bruit quasi infernal : le vacarme de la fabrique, doublé d'un autre bruit, métaphorique celui-là, mais tout aussi redoutable : l'opinion, anonyme et tyrannique, qui se fait entendre partout. A Verrières, pas de jouissance désintéressée ; la marche du siècle a fait son œuvre sur le paradis franc-comtois ; entre les deux activités essentielles de la ville, la scie à bois et la fabrique de clous, la concurrence n'est qu'apparente, car leurs deux propriétaires partagent le même **goût du revenu**. Le paysage naturel en subit le contrecoup : l'eau sauvage du torrent est domestiquée et rentabilisée comme force de travail. La petite ville attrayante se révèle d'abord industrieuse.

La machine

En fait, sous des dehors pimpants, se cache une **« bruyante et terrible »** machine à broyer la jeunesse : « Ce sont de jeunes filles fraîches et jolies qui présentent aux coups de ces marteaux énormes les petits morceaux de fer qui sont rapidement transformés en clous. » Tout est en place pour le supplice. Minotaure moderne et inhumain qui dévore implacablement son tribut de jeunesse, ce monstre d'acier et de malédiction est l'emblème de toute la ville, et peut se comprendre comme la **métaphore de la société française sous la Restauration**. Ainsi est préfiguré le destin de Julien dont on dit à plusieurs reprises qu'il a une « figure de jeune fille » ; la guillotine de Besançon fait écho à la machine de Verrières. Comment surmonter la pesanteur implacable d'un monde où « vingt marteaux pesants » retombent « avec un bruit qui fait trembler le pavé » ? C'est la question que pose ce **chapitre d'exposition** : la connaissance du lieu y est traitée comme un préalable à l'entrée du héros. Verrières se donne donc à lire (comme les toiles peintes qu'on y fabrique) **avec un envers et un endroit**. On y rebâtit « les façades de presque toutes les maisons » : voilà pour la carte postale. Mais la réalité est tout autre : la ville est dans les mains de ceux qui calculent. C'est pourquoi le différend entre Sorel et Rênal n'est qu'apparent. Dans ce monde pesant où tout est soupesé, que devient la passion ? Julien ne pourra que chercher à effacer son origine, inventer sa vie et tenter de changer en musique le bruit de cette machine.

CHAPITRE 2 : UN MAIRE

RESUME

M. de Rênal établit sa réputation en réalisant un « immense mur de soutènement nécessaire à la promenade publique » dominant le Doubs, mur imposant élevé en dépit de l'administration parisienne pour défier siècles et ministres. Cette promenade propice à la rêverie et à la contemplation offre une vue agréable sur la rivière et, au-delà, sur les vallées avoisinantes. Quand il fait chaud, on y goûte l'ombre de platanes magnifiques. Aux yeux du maire, sa promenade vaut bien celle de Saint-Germain-en-Laye. Plusieurs plaques de marbre qui lui ont valu « une croix de plus » en signalent le nom officiel : « Cours de la Fidélité ». Le seul reproche qu'on puisse faire à propos de cette promenade — et un vieux chirurgien-major bonapartiste a bien osé s'en plaindre ! c'est la mutilation périodique et sauvage de ces fameux platanes, pour le seul profit du nouveau vicaire. Mais le maire en a décidé ainsi de tous les arbres de la commune qui ne rapportent pas de revenu. Car tel est le maître-mot à Verrières !

Par un beau jour d'automne, profitant de cette promenade en compagnie de sa femme, le maire, ultra, cache mal son irritation. Un certain M. Appert, sans doute libéral, est arrivé de Paris pour visiter, sous la conduite du curé Chélan, non seulement la prison et le dépôt de mendicité de sa ville, mais encore l'hôpital, administré gratuitement par lui-même et les principaux propriétaires de l'endroit. Comme si on pouvait l'empêcher de faire le bien !

Les murs de Verrières

La seule élévation visible dans Verrières est celle des murs. Les jardins de M. de Rênal en sont d'ailleurs remplis, et sa réputation, c'est à un *mur de soutènement* qu'il la doit : apprécions l'ironie de l'italique. Ces murs ne sont pas là pour faire joli, mais pour être utiles ; ils signifient propriété et notoriété, deux valeurs qu'on ne craint pas d'afficher, comme le nom de la promenade. S'ils sont remarquables, c'est par leur nombre et leurs dimensions : « vingt pieds de hauteur », « trente ou quarante toises de long » : voilà de quoi immortaliser une administration ! Le mur, c'est l'horizon de Verrières : jardins, fonctions, partis, tout y est sévèrement et solidement **cloisonné**, sans aucune fantaisie : « L'essentiel est de ne pas adopter quelque plan apporté d'Italie par ces maçons qui, au printemps, traversent le Jura. » La valeur péjorative du démonstratif en dit long sur une telle transgression.

L'Italie

L'opposition est radicale entre l'Italie et la France, la fantaisie et la morosité, la spontanéité et l'hypocrisie. L'Italie est naturellement propice à la chasse au bonheur. On sait que pour Stendhal, Milanais de cœur, elle est une création de l'imaginaire, fantasme lié à la mère, une « matrie » comme on a pu dire, c'est-à-dire un refuge contre la tyrannie du père. Stendhal s'invente d'ailleurs une ascendance italienne du côté de sa mère. L'**espace italien** n'est autre qu'un espace d'identité, celui de **la vraie vie**, tout le contraire de la société vaniteuse et sclérosée de la Restauration. Ce qui fut donné à Stendhal (et à Fabrice dans *La Chartreuse de Parme*) semble ici refusé à Julien. Sans échappatoire italienne dans un Verrières étanche et enclos comme le séminaire ou Paris, c'est avec un surcroît d'âpreté que se pose à lui la grande question stendhalienne : comment être soi, c'est-à-dire, d'abord, où être soi quand on est dominé par le despotisme paternel, et privé de mère ?

Les arbres

A Verrières, les orangers ne poussent pas en pleine terre. On voit bien quelques « touffes de vigoureux châtaigniers » à l'horizon, mais tout arbre ici est voué à une **mutilation** insupportable. Le père Sorel le transforme en planches, dans un monde castrateur où l'on taille, ampute, débite. On connaît l'amour de Stendhal pour les arbres. Fabrice trouvera un double de lui-même dans le marronnier planté à sa naissance. Julien se plaît au milieu des bois. A Vergy, où les arbres s'épanouissent, c'est sous un tilleul tutélaire qu'il prend la main de Mme de Rênal. Plus tard, au séminaire, en proie à un malaise devant l'abbé Pirard : « Il regarda les arbres ; cette vue lui fit du bien, comme s'il eût aperçu d'anciens amis. » (I,25). Mais à Verrières, n'est-il pas d'une certaine façon amputé tout comme ces « vigoureux platanes » que « l'autorité fait tailler et tondre jusqu'au vif » ?

Le revenu

C'est que l'heure et le lieu sont au « REVENU ». L'italique et les lettres capitales nous alertent. Tel est bien le conflit moteur de tout le roman : la **tension essentielle de l'être contre l'avoir** . Parvenir à s'assumer dans l'instant, à fonds perdu, refuser l'injonction de produire des richesses et de se consacrer à l'utile, telle est la vocation de Julien. S'il recherche d'abord le pouvoir, la réussite, c'est pour les rejeter ensuite. En s'attachant au calcul et à l'intérêt, il singerait son père, ferait le jeu de l'Autorité, mais s'exclurait du sublime. A preuve, les arbres de Verrières ne sont plus que « des plantes potagères ».

CHAPITRE 3 : LE BIEN DES PAUVRES

RESUME

En dépit de son grand âge, l'abbé Chélan, curé de Verrières, conserve « une santé et un caractère de fer ». Il peut, quand bon lui semble, et accompagné par qui il veut, visiter les établissements publics de la ville. Sur les recommandations de M. le marquis de La Mole, pair de France et le plus riche propriétaire de la province, il consent à guider M. Appert, non sans lui demander toutefois la plus grande discrétion. Personne ne l'intimide en fait, ni le farouche geôlier qui craint pour sa place, ni les reproches et les menaces de destitution que lui signifient après coup M. de Rênal et M. Valenod, directeur du dépôt de mendicité. Le curé Chélan ne voit pas quel mal ce monsieur de Paris peut faire. C'est aussi l'objection que tente timidement Mme de Rênal auprès de son mari, au cours de leur promenade.

Mais leur conversation est soudainement interrompue : au mépris du danger, le plus jeune de leurs garçons court sur le parapet du mur de la terrasse. Cet incident décide le maire à prendre le fils Sorel comme précepteur pour surveiller les enfants. D'après le curé, ce Sorel étudie la théologie et sait le latin : il sera prêtre. Valenod n'a pas de précepteur. Cela en imposera. « Cette résolution subite laissa Mme de Rênal toute pensive. »

Femme grande, bien faite, elle a été la beauté du pays. Pleine d'innocence et fort timide, elle ne redoute rien tant que l'assurance grossière des hommes et particulièrement l'agitation bruyante de ce Valenod qui lui a fait la cour, dit-on, sans succès. On la croit hautaine. Son manque d'affectation la fait passer pour sotte aux yeux des dames de Verrières. En fait réservée et même « naïve », elle n'imagine guère une vie plus heureuse que la sienne. Au fond ravie par ses enfants, elle croit aimer son mari, en qui elle voit un père avisé et un homme de bonne compagnie.

COMMENTAIRE

Les tensions à Verrières

Les deux premiers chapitres présentent Verrières, tout entier centré sur M. de Rênal qui est l'incarnation d'un régime parvenu, sot et cupide. Pour parfaire cette présentation, le chapitre III s'ouvre sur un incident d'ordre politique et social, qui met en lumière la singularité du **bon curé Chélan**, « homme de cœur » dont on mesure à cette occasion la **capacité à s'opposer**. Car c'est bien d'opposition qu'il faut parler. Dans Verrières, les tensions affichées (Rênal/Valenod ; Rênal/Sorel) sont les moins significatives. La ligne de partage se fait bien plus profondément entre les êtres de cœur doués d'une profondeur et d'une force de caractère qui les met en conflit avec le reste du monde, et ceux qui ne sont que surface, intérêts, mesquinerie.

Mme de Rênal

Tout l'art de Stendhal est ici de **contraste**. Aux tirades de M. de Rênal, pur être de paroles, succède le portrait de Mme de Rênal, toute de silences. L'écriture même donne aux héros des degrés d'existence et de densité humaine très différents selon que Stendhal entre plus ou moins en eux. M. de Rênal est **vu de l'extérieur** (les rares monologues intérieurs qu'il aura dans le livre seront ceux de la colère ou du calcul d'intérêt, ce qui constitue une intériorité bien dérisoire). Privé en fait de toute profondeur, il est une sorte de fantoche obéissant à la seule logique du monde qu'il incarne : mesquinerie, vanité, suspicion. L'ironie culmine quand il déclare : « C'est que j'ai du caractère, moi... » Mme de Rênal au contraire est « pensive ». Cet air pensif distingue les **« happy fews »**, c'est-à-dire les êtres selon le cœur de Stendhal, ceux qui partagent la même sensibilité et la même **aptitude au bonheur vrai**. Au chapitre suivant, on retrouve chez Julien cet air singulier qui avait donné à son père « l'idée qu'il ne vivrait pas ». Dans le temple de l'hypocrisie que sera le séminaire, il importera surtout à Julien de « perdre son air de penser ». L'air « pensif » de Mme de Rênal révèle donc que, sans vouloir s'analyser, elle a une vie intérieure secrète, presque diffuse, qui la distingue de son environnement. Son portrait est enchâssé entre les paroles de M. de Rênal et le rappel des tentatives de séduction de Valenod à son égard. Entre mari et prétendant, deux évocations d'une même grossièreté qu'elle rejette, elle se trouve « isolée ».

L'art du portrait

On sait peu de choses de son physique. A la différence de Balzac, Stendhal n'aime guère les descriptions exhaustives ; il préfère l'esquisse et laisse un **halo de mystère** autour des personnages qui lui sont chers. Son art du portrait rappelle le Corrège, peintre italien du XVIe siècle. Dans *La Chartreuse*, il invoque cette « grâce corrégienne que la moindre ombre de pédanterie détruit ». Fuyant les raideurs de l'hypocrisie, il aime la fluidité et la plasticité de l'âme qui n'est pas prisonnière d'un rôle. Ce sfumato corrégien, Ph. Berthier le repère « dans ce modelé frémissant des consciences, dans ces pulsions de vérité intime qui débordent les attitudes apprises, dans ce velouté d'un naturel qui s'improvise à chaque instant ». Voilà bien le sens de cette naïveté (« aucune hypocrisie ne venait altérer la pureté de cette âme naïve ») que Stendhal attribue à ses héroïnes, sans nuance péjorative.

Solitude des « happy few »

Cette grâce particulière et leur goût pour la solitude tient naturellement autour d'elles le monde à distance. « Douée d'une âme délicate et dédaigneuse, cet instinct de bonheur naturel à tous les êtres faisait que, la plupart du temps, elle ne donnait aucune attention aux actions des personnages grossiers au milieu desquels le hasard l'avait jetée. » (chap. VII). Mme de Rênal est donc radicalement seule. Le dialogue avec son mari n'en est pas un, en fait. Sa disponibilité romanesque creuse la place où Julien viendra s'insérer ; ainsi se poursuit l'affrontement avec un monde dont M. de Rênal est l'incarnation parfaite et se mettent en place les données essentielles du drame affectif. Julien sera l'ennemi de Rênal et de ce qu'il représente ; son épouse sera parfois victime aussi de cette haine de classe. Cependant, il est sensible à sa séduction délicate ; tous deux appartiennent à **la même race des « cœurs de fabrique trop fine »** : si socialement tout les oppose, le plus secret et le plus vrai de leur être les fait se reconnaître et les destine à se rejoindre.

CHAPITRE 4 : UN PÈRE ET UN FILS

RESUME

Se félicitant de ce que sa femme l'ait alerté sur le danger de laisser échapper, au profit de Valenod, un précepteur, futur prêtre, en la personne du fils Sorel, M. de Rênal se rend, dès le lendemain matin, à la scierie tenue par le père, paysan brutal et madré, fort étonné de la démarche du maire mais, au fond, ravi. Dissimulant son contentement, le vieux paysan, tout en débitant les politesses de circonstance, se demande ce qui peut bien pousser un tel homme à prendre son dernier rejeton, Julien, un incapable, et à lui concéder des gages inespérés. Le père Sorel se garde de donner immédiatement son accord, comptant bien tirer le meilleur profit d'une affaire pour laquelle il a besoin, prétexte-t-il, de consulter son fils. Parti le chercher, il l'appelle en vain dans le vacarme de la scie. Julien a déserté son poste et lit tranquillement, perché dans la charpente de la scierie. Absorbé par son livre, il n'entend pas son père qui supporte déjà mal sa fragilité, mais qu'exaspère au plus haut point cette manie de lire. Un saut brusque, un bon coup : voilà le livre au ruisseau et notre héros en demeure de s'expliquer.

Mais plus que de la violence de son père, Julien souffre d'avoir perdu son *Mémorial de Sainte-Hélène*, le livre qu'il préfère. Tout au plus âgé de dix-neuf ans, de constitution délicate, vulnérable, ce « petit jeune homme » ne retiendrait guère l'attention s'il n'avait deux grands yeux noirs qui trahissent un caractère déterminé, et, en ce moment de colère, une haine féroce. Méprisé par les siens à cause de sa fragilité, toujours battu dans les jeux sur la place publique, il n'a jusqu'ici accordé sa confiance qu'à ce vieux chirurgien-major qui ne craignait pas le maire et qui avait entrepris de lui apprendre le latin et l'histoire, du moins ce qu'il en savait, c'est-à-dire la campagne d'Italie. En mourant, ce dernier lui a fait don de sa croix, des arrérages de sa demi-solde et de ses livres, dont le précieux *Mémorial*.

COMMENTAIRE

L'importance du père

Le père Sorel fait l'unité de ce chapitre. D'abord aux prises avec M. de Rênal dans la négociation, il apparaît très obséquieux et soumis, par intérêt et par stratégie. Ensuite, avec Julien, il se révèle au contraire autoritaire, violent et malveillant. Cependant, sa tractation avec Rênal n'est qu'une opposition en trompe-l'œil. Nous avons vu qu'ils partagent symboliquement les mêmes valeurs : le revenu. Ce père, qui fait le commerce du fils comme du bois et traite sa descendance comme force de travail avec un impérieux mépris (« Descends, animal, que je te parle »), ressemble fort à ce maire qui veut « prendre » chez lui Julien pour rivaliser avec le train de vie de Valenod, suggérant implicitement l'équivalence du précepteur et des chevaux. L'heure n'est pas aux fils : le régime de la Restauration rétablit l'omnipotence des pères. Voilà le vrai conflit, que le titre du chapitre, « Un père et un fils », indique nettement.

Portrait de Julien

C'est dans une scène de brutalité paternelle que Julien fait significativement son entrée. Quelques traits suffisent alors à son portrait physique. Juché sur une poutre en train de lire au lieu de surveiller la scie, Julien est en situation **d'élévation** à la fois spatiale et mentale, tandis que son père, qui le renverse, n'a affaire qu'avec le bas au sens propre (ses « pièces de bois [sont] déposées le long du Doubs ») comme au sens figuré (sa mesquinerie est une bassesse). A l'inverse du haut qui renvoie au romanesque, le bas chez Stendhal est lié au prosaïque. Le destin de tout héros stendhalien peut se lire d'ailleurs comme la réponse au **traumatisme initial de la chute**. Chacun en fait l'expérience : Fabrice à Waterloo, Lucien Leuwen à Nancy sous les fenêtres de Mme de Chasteller. Leur itinéraire n'est autre que la volonté de se relever, et c'est en altitude, dans sa prison-donjon, que Julien accomplira sa destinée. Il clame aux jurés de Besançon qu'il « s'est révolté contre la bassesse de sa fortune », mais aussi bien contre la société, contre l'autorité, c'est-à-dire contre le père. Sa blessure véritable n'est d'ailleurs pas tant physique que morale : elle touche **le livre**. Ce coup porté l'est aussi de toute évidence contre le chirurgien-major dont on comprend qu'il fut un père de substitution, et au-delà de lui, contre Napoléon. C'est, par métaphore, la Restauration qui règle ses comptes avec Bonaparte, le Fils de la Révolution ; **Restauration qui est bien le retour des pères** tout autant que des Pairs, et avec eux de « tout ce qui est vieux, dévot et morose », pour reprendre l'affreuse trilogie de la *Chartreuse*.

La filiation maudite

On comprend la valeur fondatrice de ce chapitre qui manifeste la **blessure originelle de Julien**, sa dualité conflictuelle, laquelle ne se résoudra qu'en prison. C'est à grand-peine qu'il cherchera l'unité de son être, le vrai centre de gravité de son moi. Placée sous le signe de la duplicité et de la violence, la genèse de Julien est différente en cela de celle de Fabrice : le marquis del Dongo n'est pour ce dernier qu'un fantoche qui ne saurait contrarier l'énergie héritée de son père authentique, le lieutenant Robert, et par métonymie, de Napoléon. Comment Julien rompra-t-il sa **filiation maudite** ? Si Fabrice ne cherche qu'à retrouver symboliquement son père, Julien ne songe qu'à se défaire du sien. Sous l'attitude soumise couvent déjà la révolte et la résistance. Celui qui refuse de surveiller la machine serait-il celui qui en déréglera le mécanisme ? Etranger à son père, comme à ses frères qui en sont la réplique, il se demandera plus tard s'il n'est pas le fils naturel d'un gentilhomme. Mais le SOREL qui s'affiche « en caractères gigantesques sur une planche qui domine le toit de la scierie » ne se laissera pas facilement effacer. En prison, la dernière visite, celle du père, sera comme un retour au nom. Les « économies » que Julien lui lègue seront bien le prix à payer pour trouver enfin son identité.

CHAPITRE 5 : UNE NÉGOCIATION

RESUME

Malmené par son père qui exige des éclaircissements, Julien subit un interrogatoire en règle ; le vieux paysan flaire quelque affaire de cœur de la part de Mme de Rênal : il ne s'explique pas autrement la démarche du maire. Il en informe cependant son fils, en même temps qu'il le presse de faire son paquet. A l'énumération de ses gages, Julien ne réagit que par une exigence inattendue : ne pas être domestique, et surtout ne pas manger avec eux ! Cette répugnance, Julien la puise dans les *Confessions* de Rousseau qui, avec le *Mémorial* et le bulletin de la Grande Armée, sont ses livres sacrés pour lesquels il sacrifierait sa vie. Plein de feu, ce garçon est doué d'une mémoire phénoménale : pour servir sa nouvelle ambition, n'a-t-il pas appris par cœur tout le Nouveau Testament en latin ? Le lendemain, à l'appel de Rênal, le vieux paysan déploie encore d'interminables finasseries, jouant de l'empressement du maire dont il finit par tout obtenir, ou presque, quand il lui fait sentir qu'il pourrait bien conclure ailleurs. Julien aura sa chambre, son habit, quatre cents francs d'appointement payables d'avance.

Revenu à son usine, le père Sorel cherche en vain son fils. Méfiant, celui-ci est allé chez son ami Fouqué cacher son petit trésor : livres et croix de la Légion d'honneur. Dès son retour, il est expédié au « château ». Mais en chemin, il fait halte à l'église : nouveau précepteur et futur prêtre, il faut qu'on l'y voie. Enfant, il avait d'abord été fou de l'état militaire. Mais, dans la nouvelle église de Verrières, quatre colonnes de marbre, magnifiques à ses yeux, le détournent de sa première ambition. Il faut se faire prêtre, d'autant qu'un jeune vicaire de trente ans est ici capable de faire la pluie et le beau temps. Ah ! Faire fortune, et surtout quitter cette ville ! Telles sont les pensées de Julien en entrant dans l'église. La lumière qui filtre à travers des rideaux rouges, accrochés à l'occasion d'une fête, l'impressionne fortement. Il s'installe dans le banc des Rênal, découvre un morceau de papier imprimé sur l'exécution d'un certain Louis Jenrel à Besançon... « Son nom finit comme le mien... » soupire-t-il. Troublé, il croit voir, près du bénitier, du sang dans l'eau qu'on avait répandue. Surmontant son émotion, il arrive chez le maire, paralysé par sa propre timidité. Au même moment, Mme de Rênal, non moins timide, s'inquiète de la venue du précepteur qui ne peut être que grossier, autoritaire, et qui va faire souffrir ses enfants.

COMMENTAIRE

La fin du « Rouge » et la puissance du « Noir »

« Pour Julien, faire fortune, c'était d'abord sortir de Verrières. » Deux voies s'ouvrent à lui : l'armée ou le clergé. Mais l'heure n'est plus au « **rouge** », c'est-à-dire à **la gloire militaire** dont il rêve. L'épopée napoléonienne est révolue, le vieux chirurgien-major est mort et l'histoire ne se fait plus sur les champs de bataille. L'heure est au « **noir** », c'est-à-dire **à la réussite par l'Église**. Verrières, à son échelle, le vérifie. C'est « un jeune vicaire de trente ans » qui fait autorité. Le clergé est tout-puissant, et notamment les Jésuites qui, par le biais de la Congrégation (voir Éclaircissements historiques), constituent un pouvoir efficace parce qu'occulte. Julien l'a compris et sa résolution semble assurée : « Il faut être prêtre. »

Le conflit intérieur

Mais cette volonté ne suffit pas à l'unifier. La lutte intérieure est vive et la dualité fondamentale de Julien, qu'emblématise le titre : *Le Rouge et le Noir*, ne s'en trouve pas réglée. A l'intérieur de l'église, il crie encore : « Aux armes ! » Psychologiquement accordé au Rouge, Julien voudra le vivre dans le Noir. Mais jamais le Noir ne recouvre parfaitement le Rouge. La violence du **conflit entre l'être profond et le paraître** est telle qu'il lui faut se lier punitivement le bras d'avoir loué Napoléon « avec fureur » ! Les lectures de cœur (*Le Mémorial de Sainte-Hélène*, *Les Confessions*, les bulletins de la Grande Armée) se dissimulent sous une connaissance parfaite de la Bible et du livre *Du Pape* de J. de Maistre (favori des Jésuites), deux ouvrages que Julien connaît « par cœur » (on apprécie l'ironie) et qui lui serviront de laissez-passer pour monter dans la société. Cependant, **le masque révèle autant qu'il cache** : l'hypocrisie de Julien n'est pas naturelle, elle est une leçon de la vie qu'il impose à son tempérament passionné. Ce conflit, Stendhal le révèle par la technique du « point de vue interne » ; le « monologue intérieur » nous a déjà fait pénétrer dans les méandres de l'âme de son héros, lorsque, avec lui, nous entrons dans l'église de Verrières, cadre du drame final.

Le présage

Le caractère prémonitoire de la scène (banc des Rênal, impression de sang dans le bénitier) est évident. Stendhal aime particulièrement jalonner l'itinéraire de ses héros de signes et de présages qui constituent leur histoire en destin tragique. Ici l'insistance sur le rouge (étoffe cramoisie, tache de sang) préfigure le dénouement. Louis Jenrel n'est-il pas l'anagramme de Julien Sorel ? Ce présage n'échappe pas à Julien, constitué ainsi en lecteur de sa propre vie. Seulement **sa lecture reste partielle** : « son nom finit comme le mien… » Il ne comprend pas que c'est justement sur son nom que pèse la malédiction. La Vernaye n'annulera pas Sorel. Marqué à l'origine par son père, « étourdi par la force du coup, et tout sanglant », tout ramène au rouge ce garçon qui feint de se vouer au noir. Et son sang coulera qui a déjà coulé.

CHAPITRE 6 : L'ENNUI

RESUME

Mme de Rênal découvre Julien à la porte d'entrée. Surprise par sa jeunesse, la pâleur de son teint, son regard mouillé de larmes, elle n'imagine guère avoir affaire au précepteur tant redouté dans ce garçon timide et beau comme une jeune fille. Rassurée, elle laisse éclater sa joie. Julien, lui, ne peut s'empêcher d'admirer Mme de Rênal, laquelle trouve de la grâce dans l'embarras de ce jeune homme et n'en revient pas qu'à son âge il sache le latin. Julien demande son indulgence et sa protection et songe à lui baiser la main, ce qu'il ose faire, malgré sa timidité, alors qu'il lui jure de ne jamais battre ses enfants. Surprise, Mme de Rênal ne réagit pas immédiatement comme elle le devrait. Survient son mari qui tient à parler au nouveau précepteur : il lui promet de l'établir s'il donne satisfaction, lui demande de rompre avec sa famille tout en lui faisant sentir l'avantage d'entrer dans une maison de « gens comme il faut ». Cela commence par la tenue : Julien ne saurait rester en veste, il lui faut un habit...

Survolté comme un enfant dont les rêves se réalisent, Julien a du mal à contenir l'orgueil que lui procure son changement de situation. Il demande à se retirer. Mme de Rênal, qu'il ne laisse pas indifférente, invite cependant son mari à ne pas se réjouir trop vite de sa nouvelle recrue. Une heure après, le précepteur paraît pour être présenté aux enfants impatients. De l'air le plus grave, il les éblouit en récitant par cœur plusieurs passages du Nouveau Testament choisis au hasard, faisant ainsi l'étonnement de toute la maison, domestiques compris. Le maire essaie, mais en vain, de lui ravir la vedette en citant Horace. Les enfants n'ont d'yeux que pour Julien ; Valenod et le sous-préfet, arrivés à l'improviste, ne cachent pas leur admiration et, le soir, tout Verrières afflue chez M. de Rênal « pour voir la merveille ». Sa réputation est faite, il est même respecté.

COMMENTAIRE

La rencontre

Les cinq premiers chapitres ont constitué une sorte d'exposition du roman. En nous présentant un monde et des personnages au milieu desquels Mme de Rênal comme Julien se sentent isolés, ils préparaient ainsi la rencontre de ceux que tout rapprochait. Le titre du chapitre et l'exergue rappellent ce système d'opposition : sur fond d'« ennui », une touche de Mozart pour suggérer une **musicalité implicite**, interne au texte et caractéristique chez Stendhal des **moments privilégiés de bonheur** (cf. chap. VIII). Le narrateur omniscient, c'est-à-dire capable de connaître les pensées des personnages, va de l'un à l'autre. Ce jeu sur les points de vue révèle avec humour le décalage entre l'imagination des deux héros et la réalité de leur rencontre.

Parallélismes

Tous deux sont dans une situation d'**attente négative** : elle redoute un précepteur revêche et grossier ; lui craint un accueil méprisant, d'où son accès de timidité et cette crispation, martiale et puérile à la fois, de la volonté. La **même timidité** se retrouve dans l'inquiétude de Mme de Rênal. C'est pourquoi leur surprise est commune : elle s'étonne de sa douceur, lui de son amabilité. L'un et l'autre sont alors dans un état d'extrême **vulnérabilité** et de réceptivité qui les unit déjà, sans qu'ils le sachent, sur l'essentiel. Par leur ressemblance, Stendhal suggère qu'ils appartiennent tous deux au monde des « êtres de cœur », doués de **douceur** (aux « yeux si doux » de Julien répond la « voix douce de Mme de Rênal »), proches encore de l'enfance : elle le prend pour un enfant quand il arrive (il a dix-neuf ans), elle-même (elle a trente ans) retrouve la « gaieté folle d'une jeune fille ». Cette **jeunesse de cœur** les rend à l'innocence. Julien ne pleure-t-il pas depuis sa sortie de l'église alors qu'il vient d'y lancer son cri de guerre « Aux armes ! » ? Ainsi le masque de l'hypocrisie est à peine revêtu qu'il tombe déjà, ou s'ajuste mal : pâleur, douceur, larmes, sont bien peu conformes à l'idée qu'on se fait de lui, à moins que le lecteur n'ait compris déjà le fond de sa nature. Mme de Rênal, quoique plus âgée, est aussi neuve et inexpérimentée devant l'amour que Julien. **Innocence, tendresse, qualité des silences,** les conditions du bonheur stendhalien sont donc réunies ; s'y ajoute l'intimité.

Le cadre de la rencontre

Ni la maison ni le jardin ne sont décrits dans cette scène, le monde alentour a disparu. Elle était « loin du regard des hommes » quand elle sortait, et Julien semble l'avoir rejointe dans son isolement. C'est pourquoi la scène est « édénique », nous sommes dans un jardin. C'est d'ailleurs là que les moments de « grâce » (ce mot est répété à plusieurs reprises) prennent place le plus souvent car le jardin permet le naturel, par opposition à la maison, au « salon », théâtre des convenances et du jeu social.

L'influence de Rousseau ; ses limites

Cette rencontre de l'adolescent et de la femme plus âgée, au « seuil » de l'histoire d'amour comme au seuil de la maison, fait écho à la rencontre de Rousseau et de Mme de Warens dans les *Confessions*. Mais la tonalité maternelle de Mme de Rênal est moins appuyée. Stendhal se démarque surtout des débordements de la sensibilité rousseauiste. **Son modèle d'écriture est le Code civil** et il avoue : « Je tremble toujours de n'avoir écrit qu'un soupir, quand je crois avoir noté une vérité. » Aussi renouvelle-t-il le motif traditionnel de la rencontre par ce ton particulier **d'ironie tendre** qui donne de l'émotion une image nuancée. Proche de ses personnages ou à une distance amusée (« étonné de sa beauté, il oublia tout, même ce qu'il venait faire »), il ne craint pas de souligner le ridicule de leur situation (larmes, imagination romanesque) mais sans âpreté. Dans l'ivresse de Julien à s'entendre appeler « monsieur », Stendhal en effet invite moins à lire l'ambition qu'une « attachante exaltation juvénile ». Moment de grâce, comme suspendu hors du monde et du temps, cette scène préfigure le bonheur final de la prison.

CHAPITRE 7 : LES AFFINITÉS ÉLECTIVES

RESUME

Julien est aimé des enfants ; son arrivée a chassé l'ennui de la maison. Mais il reste distant et juge avec beaucoup de sévérité la société qu'il découvre : l'hypocrisie de Valenod entre autres lui fait horreur. Son nouvel état excite par ailleurs la jalousie : au cours d'une promenade, ses frères le battent au point de le laisser évanoui. Mme de Rênal, qu'accompagne M. Valenod, cache mal son émotion en le découvrant. Celui-ci en prend ombrage. Alarme prématurée : Julien n'aime pas Mme de Rênal. Sensible à sa beauté, il se méfie justement des élans que cette beauté fait naître en lui et qui ont failli, le jour même de son arrivée, « arrêter sa fortune ». Il doit subir encore la jalousie d'un valet qui ne supporte pas qu'Elisa, la femme de chambre, soit amoureuse de lui et lui rende de menus services pour son linge. La pauvreté de sa garde-robe émeut Mme de Rênal : elle prend en pitié ce jeune précepteur, si soigné quoique pauvre, et qui tranche par sa sensibilité, sa noblesse d'âme, avec l'image qu'elle se fait des hommes, êtres habituellement grossiers, avides d'honneurs et d'argent.

Son admiration pour Julien se renforce quand il refuse un cadeau qu'elle veut lui faire, à l'insu de son mari. Elle n'a de cesse pourtant de lui témoigner sa reconnaissance et ose aller jusqu'à pénétrer chez le libraire libéral de Verrières pour acheter des livres aux enfants, livres en fait destinés à Julien. Indifférent à une telle démarche, notre héros n'est ébloui que par la quantité de livres qu'il aperçoit : son habileté dès lors amènera M. de Rênal à lui permettre d'en recevoir régulièrement.

Plein de mépris pour son entourage, et habituellement méfiant, Julien, en dehors de l'éducation des enfants, n'a pas de sujets de conversation. Seul avec Mme de Rênal, il est embarrassé, humilié même de son silence et de sa maladresse. Quant à elle, son attention ne retient que l'ardeur qu'elle lit dans son regard ; elle se trouve ravie des propos neufs que le précepteur dit toujours avec bonheur quand il reste naturel. Heureuse en sa compagnie, elle se laisse aller à une intimité où un cœur plus averti que le sien reconnaîtrait une sympathie bien proche de l'amour.

COMMENTAIRE

Les livres

Ce chapitre prolonge la rencontre et l'éclaire car, si la vie s'écoule sans que rien de décisif ne se passe, la scène chez le libraire est pourtant significative. On a compris que M. de Rênal se méfiait des livres, symboles de liberté et d'indépendance ; le père Sorel ne voit en eux qu'une perte de temps (« tes maudits livres » ; « chien de lisard », lancet-il à Julien). Face à ces deux êtres pour qui le livre est suspect, Julien et Mme de Rênal se singularisent par l'intérêt ou le respect qu'ils leur portent. Ils partagent le pouvoir d'**enfreindre l'interdit sur la lecture** et se créent inconsciemment une complicité. Lui, parce qu'il s'en nourrit et qu'il est fasciné par les livres, avec lesquels il entretient un rapport intensément affectif (« [il] était étonné... son cœur palpitait »). Elle, parce qu'elle ose aller chez le libraire de Verrières, malgré son affreuse réputation de libéralisme.

Innocence

Deux âmes sont ainsi à l'unisson, qui pourtant vivent dans l'ignorance de leur sentiment. C'est donc avec **humour** que Stendhal joue sur leur apparente distance : s'ils avaient lu des romans, ils auraient compris l'un et l'autre que les cadeaux de livres ne sont pas innocents. Ils lisent donc bien mal en eux : « A Paris, l'amour est fils des romans. Le jeune précepteur et sa timide maîtresse auraient retrouvé dans trois ou quatre romans [...] l'éclaircissement de leur position. » Mme de Rênal ne comprend pas qu'en donnant des livres, elle donne aussi des gages de son amour. Et Julien ne songe pas « à deviner ce qui se pass[e] dans le cœur de Mme de Rênal » ; il rêve « au moyen [...] de se procurer quelques-uns de ces livres ». Le chemin du bonheur passe par la librairie.

CHAPITRE 8 : PETITS ÉVÉNEMENTS

RESUME

Elisa, qui vient d'hériter, confesse à l'abbé Chélan son désir d'épouser Julien. Mais celui-ci refuse, au grand étonnement du curé qui devine la sourde ambition dont notre précepteur est habité, laquelle ne convient guère à un futur prêtre. Julien est bouleversé par les paroles amicales mais clairvoyantes du bon curé ; il se cache pour pleurer et se jure dorénavant de mieux dissimuler son désir de faire fortune. Car, en hypocrisie, notre jeune héros en est encore à inventer. Quant à Mme de Rênal, la perspective d'un mariage de Julien avec sa femme de chambre l'obsède et la rend malade : il lui faut l'assurance répétée du refus de Julien pour que, soulagée, elle recouvre un bonheur à ce point inégalé qu'elle s'interroge : « Aurais-je de l'amour pour Julien ? » Cette découverte ne crée en elle aucun remords.

Dès les premiers jours de printemps, la famille s'établit à Vergy, la propriété de campagne de M. le maire. Mme de Rênal y trouve en compagnie de Julien une gaieté libre et charmante : elle fait des aménagements, chasse les papillons avec les enfants, prend plaisir à de nouvelles toilettes d'été, invite enfin une de ses parentes, compagne de collège, Mme Derville, à qui elle communique ses fantaisies. Julien jouit d'une liberté qui fait son bonheur. Le cadre sublime de Vergy, l'assurance d'y être sans ennemi, la possibilité de s'isoler pour lire même en plein jour, la présence délicieuse des deux amies en font un être nouveau.

Un soir, au cours d'une conversation animée sous l'immense tilleul qui se trouve près de la maison, il touche par mégarde la main que Mme de Rênal tient appuyée au dossier de son siège. Cette main se retire « bien vite ». Mais l'idée naît en Julien que cette main doit dorénavant lui rester : cela lui ôte « sur-le-champ tout plaisir de son cœur ».

COMMENTAIRE

Vergy

« Après tant de contrainte et de politique habile, seul, loin des regards des hommes, et par instinct ne craignant point Mme de Rênal, il se livrait au plaisir d'exister, si vif à cet âge, au milieu des plus belles montagnes du monde. » Vergy est l'**anti-Verrières** qui offre à Julien, contre tous les lieux clos dans lesquels il lui faudra évoluer masqué (Verrières, le séminaire, Paris), un espace ouvert où il préserve sa véritable identité. Ce lieu de grâce est propice au bonheur pour qui sait lire la symbolique stendhalienne.

Topologie du bonheur

D'abord parce qu'il se singularise par la **vigueur de ses arbres** qu'on ne taille pas : « Huit ou dix noyers magnifiques étaient au bout du verger ; leur feuillage immense s'élevait peut-être à quatre-vingts pieds de hauteur. » Ici, pas de mutilation. Les **figures de l'autorité** qui y sont liées sont d'ailleurs significativement **absentes** : M. de Rênal est souvent à la ville. Le paysage est débarrassé de toutes menaces : « la jalousie de ses frères, la présence d'un père despote avaient gâté aux yeux de Julien les campagnes des environs de Verrières ... pour la première fois de sa vie, il ne se voyait point d'ennemi ». Ensuite parce que **c'est un lieu élevé**, habité de la seule **présence des femmes** (Mme Derville redouble celle de Mme de Rênal). La comparaison est possible avec l'Italie (« dans le fait ce lieu est égal, si ce n'est supérieur à ce que les lacs d'Italie peuvent offrir de plus admirable »). On pense au lac de Côme dans *La Chartreuse*, où « le langage de ces lieux ravissants rendit à la comtesse son cœur de seize ans ». Même jouvence à Vergy. On peut s'abandonner **au seul plaisir d'exister**, c'est-à-dire quitter le masque, abandonner tout projet d'avenir et vivre dans **l'instant** : « Julien avait vécu en véritable enfant depuis son arrivée à la campagne, aussi heureux de courir à la suite des papillons que ses élèves. » Cette chasse au papillon, variante de la chasse au bonheur, absorbe et comble tout le monde dans la même innocence retrouvée : « *On* avait construit de grands capuchons de gaze claire, avec lesquels *on* prenait les pauvres lépidoptères. »

Musique et paysages

Ainsi transparaît la fonction poétique du paysage stendhalien, lequel, aérant la trame romanesque, ouvre un espace quasi musical. Le lieu suscite en effet une musique spontanée, ni instrumentale ni vocale, mais diffuse, qu'éclaire une phrase célèbre tirée de la *Vie de Henry Brulard* : « Les paysages étaient comme un archet qui jouait sur mon âme. » Aussi ne doit-on pas s'étonner que Mme Derville avoue, sous le charme du lieu : « c'est pour moi comme de la musique de Mozart ». Chez Stendhal, la joie de la conscience s'élève comme une mélodie. A l'écriture d'en être la partition : « Un roman est comme un archet, la caisse du violon qui rend les sons, c'est l'âme du lecteur ». « J'ai cherché, écrit-il encore, à noter les sons de mon âme par des pages imprimées. »

CHAPITRE 9 : UNE SOIRÉE A LA CAMPAGNE

RESUME

Le lendemain, Julien observe Mme de Rênal « comme un ennemi avec lequel il va falloir se battre ». Toute la journée, son unique souci est de se donner du courage en lisant la vie de Napoléon. Sa résolution ne faiblit pas : ce soir, Mme de Rênal doit absolument lui abandonner sa main. La nuit s'annonce obscure, ce qui le soulage. On s'assoit enfin sous le tilleul, mais la conversation languit. Julien souffre le martyre. Il ne peut vaincre sa timidité qu'en s'imposant à lui-même un ultimatum : quand dix heures sonneront à l'horloge du château, ou cette main sera à lui, ou il se brûlera la cervelle. Alors que le dernier coup de l'horloge fatale retentit encore, il passe à l'acte. Cette main, qui s'est retirée d'abord, qu'il a reprise, lui reste enfin. Une telle victoire le comble ; soulagé pour un temps, il lui faut cependant un plus sûr triomphe : garder cette main toute la soirée, ce que Mme de Rênal, éperdue d'amour, lui accorde sans y songer. Bouleversée en effet, elle ne pourra trouver le sommeil ; Julien, lui, dormira profondément.

Le lendemain, il est seulement heureux d'avoir accompli un devoir. Il s'enferme pour lire, mais se trouve désagréablement rappelé à l'ordre par M. de Rênal mécontent de le voir délaisser ses enfants. Indifférent d'abord aux reproches, il finit par en être irrité. Sa colère contre les gens riches rejaillit sur Mme de Rênal. Alors qu'elle veut le soutenir par son amitié, il la repousse brutalement et provoque ses larmes. Il n'a que mépris pour ce maire irascible, la société qu'il incarne et même les manières polies de ses deux compagnes. Cependant, au hasard de la conversation qu'elle s'efforce d'entretenir, Mme de Rênal confie que son mari est revenu à Vergy pour veiller au renouvellement des paillasses de la maison. Julien blêmit. Il est en danger : un portrait — celui de Napoléon ! — est caché sous son matelas. Il conjure Mme de Rênal d'aller aussitôt le retirer, sans le regarder. Celle-ci s'exécute, en proie à la plus douloureuse jalousie ; elle manque s'évanouir mais sauve Julien qui, sans un mot de remerciement, brûle à l'instant ce qui pouvait trahir son admiration fervente pour l'empereur et anéantir d'un coup sa réputation.

COMMENTAIRE

Signification d'un geste

Julien accomplit ici un pas décisif dans la conquête de Mme de Rênal : son geste est comme un aveu muet, à la faveur de l'obscurité qui crée une intimité entre les amants. Pourtant, durant toute la scène, il n'est jamais question d'amour. C'est seulement après avoir « conquis » Mme de Rênal qu'il croit tomber éperdument amoureux. Mais toute son angoisse à accomplir le geste initiatique, son « combat » intérieur, puis sa résolution, se lisent bien comme ceux d'un homme épris. Julien s'est lui-même pris à son propre piège. Dans le chapitre précédent, le bonheur était lié à la spontanéité. Mais après ce temps de détente heureuse, nouvel état de tension.

L'amour comme la guerre

Le registre du devoir envahit le texte et le vocabulaire militaire traduit le désir d'héroïsme du fervent admirateur de Napoléon. Dans le monde stendhalien, où l'ennui est insupportable, **l'héroïsme et la prouesse** sont encore des formes de jeu. L'obscurité, la présence tutélaire du tilleul, le jardin, constituent un excellent champ de manœuvre. Le compte à rebours chez cet être d'habitude spontané tient lieu de stratégie, dirigée d'abord contre soi. Cette façon de conquérir une femme quart d'heure après quart d'heure n'est pas seulement goût de la **rigueur** et de l'**exactitude**, mais **défense contre la timidité et l'émotivité**. Prendre comme modèle le Code civil, c'est, pour Stendhal, échapper à la « sensiblerie » de Rousseau ! C'est son côté géomètre, dont il dit dans la *Vie de Henry Brulard* : « J'aimais et j'aime les mathématiques, pour elles-mêmes, comme n'admettant pas l'hypocrisie et le vague, mes deux bêtes d'aversion. » Julien partage ce goût de la précision, et même de la prévision. Le monologue intérieur ne nous laisse rien ignorer de cette logistique qui ne va pas sans exagération et du danger et des sentiments ; il s'agit de prendre une main comme s'il y allait de la vie ; en cas de faiblesse... « je monterai chez moi me brûler la cervelle » ! Dans la bravoure d'un vocabulaire (« duel », « devoir », « dangers », « combat », « ennemi ») inadapté à la situation, perce l'**ironie de Stendhal**. Au dixième coup (car il en faut dix !) Julien sera-t-il exactement un héros ? Comme un enfant, il **s'invente des épreuves**, qu'il prend ensuite au sérieux. Stendhal et le lecteur, pas tout à fait.

CHAPITRE 10 :
UN GRAND CŒUR ET UNE PETITE FORTUNE

RESUME

Sur ces entrefaites, M. de Rênal revient avec les domestiques. Julien l'interpelle brutalement, lui demande compte du reproche de négligence qui lui a été fait et, sa colère augmentant, menace de quitter les lieux. M. de Rênal, qui le voit chez Valenod, ne trouve pas de meilleure excuse qu'une augmentation de cinquante francs par mois ! Julien en reste saisi et le quitte, plein de mépris pour tant de bassesse. Prétextant la nécessité de se confier au curé Chélan, il annonce qu'il s'absente quelques heures. Dans les grands bois qui séparent Vergy de Verrières, il s'attarde, méditant sur l'incident qui vient de l'opposer au maire et dont il est sorti vainqueur. Quelle peur peut bien forcer cet homme riche et puissant à lui accorder cinquante francs d'appointements ? Au milieu des bois, Julien finit par goûter la beauté des lieux. Son sentier l'amène au sommet d'un énorme rocher : loin des hommes et dominant un vaste paysage, l'âme rassérénée, il se prend à rêver de son avenir. Un épervier solitaire planant dans le ciel lui évoque la destinée de Napoléon : sera-ce un jour la sienne ?

COMMENTAIRE

Le mythe de Napoléon

Julien est né trop tard. Vingt ans plus tôt, il eût été sous-officier, et colonel à 23 ans ; lui-même le répète souvent. Mais **contraint de jouer le Noir contre le Rouge**, ce n'est plus le sabre qu'il lui faut comme arme, mais le masque de l'hypocrisie. Napoléon offrait, en effet, aux jeunes gens de s'élever rapidement dans l'armée par leur seul mérite. Il incarnait tous les rêves de promotion possible et intégrait tous les dynamismes. Le drame de la **génération romantique** est de faire, après sa chute, l'expérience inévitable du **vide** et de l'**ennui**. Du coup, plus qu'un modèle, il devient un mythe. Dans la France de la Restauration qui étouffe sous la main des nobles et des prêtres, on regarde vers ce passé héroïque, plein de grandeur. Julien conserve dans la paille de son lit le portrait de ce petit sous-lieutenant de Brienne à qui s'ouvrit le monde. Mais la Restauration tente de débusquer l'empereur jusque sous les lits ! Dieu merci, les souvenirs lui échappent ! Or l'Histoire n'a plus qu'eux pour offrir à la sensibilité romantique l'exemple d'une force qui va. Le « professeur d'énergie » qu'est Bonaparte cristallise les valeurs stendhaliennes d'héroïsme, de jeunesse, de liberté dont la campagne d'Italie offre l'image la plus pure (cf. le début de *La Chartreuse*).

Une ascendance rêvée

On ne s'étonnera donc pas si la plupart des héros stendhaliens redoublent leur naissance d'une **filiation mythique avec Napoléon**. Pour Julien, ce lien est assuré symboliquement par le vieux chirurgien-major (lequel s'opposait à la tonte des arbres dont le bénéfice va au vicaire Maslon, donc à la Congrégation). Maître peu objectif, « il lui enseignait l'histoire, c'est-à-dire ce qu'il savait de l'histoire, la campagne de 1796 en Italie ». De façon significative, il lui lègue, à sa mort, sa croix de la Légion, et ses livres dont *Le Mémorial de Sainte-Hélène*, que Julien « affectionnait le plus ». C'est dans ce climat d'admiration fascinée qu'il grandit. « Dès sa première enfance, la vue de certains dragons du 6e ... qui revenaient d'Italie |... le rendit fou de l'état militaire. Plus tard, il écoutait avec transport les récits des batailles du pont de Lodi, d'Arcole, de Rivoli que lui faisait le vieux chirurgien-major. Il remarqua les regards enflammés que le vieillard jetait sur sa croix. »

L'identification à Napoléon

L'identification de Julien avec ce « lieutenant obscur et sans fortune qui s'était fait le maître du monde avec son épée » est donc compréhensible. Elle se traduit parfois **de façon très juvénile** : lors du défilé à Verrières, « il se sentit un héros. Il *était* officier d'ordonnance de Napoléon et chargeait une batterie ». Hélas ! se faire prêtre ne va pas sans mal ; chassez le naturel, il revient au galop : « Il lui arriva de louer Napoléon avec fureur. » Ces bévues sont en fait des étourderies qui livrent son vrai visage. *Le Rouge et le Noir* recouvre donc aussi le conflit intérieur entre le principe de plaisir et celui de réalité. Le reniement tient à l'opportunité et à l'excellence du rôle à jouer : « ... personne ne put trahir l'ancienne passion de Julien pour Napoléon, il n'en parlait qu'avec horreur ». Mais ce conflit permanent nécessite des **temps de relâche**.

L'épervier

Telle est la signification de ce chapitre, qui explique l'impérieux besoin qu'a Julien de libérer le rêve napoléonien de son âme et de décanter un moi aliéné par toutes les compromissions. Le motif du **lieu élevé**, amorcé au chapitre VIII, est repris et prolongé ici par le rêve d'envol. Certes, l'image de l'épervier, « oiseau de proie », évoque l'aigle impérial, la supériorité tranquille et forte. Mais il suggère aussi l'ouverture sur l'infini, dans lequel Julien peut se projeter et s'envoler de la plate réalité du XIXe siècle. Cette volonté de s'arracher du sol, ce **désir imaginaire du vol** qu'on retrouvera chez Mathilde (« pour la première fois Mathilde aima la vie, qui toujours pour elle s'était traînée à pas de tortue, elle volait maintenant ») correspond au désir d'échapper à la lourdeur du siècle : souvent, « son âme [erre] dans les espaces imaginaires ».

Ambitieux stendhaliens et ambitieux balzaciens

La scène qui place le héros seul face au monde, dans une position d'élévation symbolique, offre une analogie au moins apparente avec ce que sera la position de **Rastignac** (le héros du *Père Goriot*) dominant Paris. Mais si l'être balzacien se définit et se révèle par son **corps à corps avec le monde**, auquel il imprime sa marque, l'être stendhalien se définit par son aptitude à maintenir et à creuser l'**écart** entre lui-même et le monde, perçu comme lieu de dégradation, et surtout comme lieu d'obstacle au bonheur. Il convient donc de ne pas être dupe de ce rêve de puissance, très volontairement formulé de façon interrogative : « C'était la destinée de Napoléon, serait-ce un jour la sienne ? » Si pour Julien, qui se trompe encore sur lui-même, cet épervier peut préfigurer son destin, pour Stendhal, c'est un **faux présage**. Mme de Rênal, qui semble loin des préoccupations du personnage, n'a pas réellement disparu. Elle appartient alors à cette vie souterraine qui échappe à toute conscience claire et se manifeste par des résurgences brutales, apparemment incompréhensibles, dont la tentative de meurtre finale donnera définitivement la clé.

CHAPITRE 11 : UNE SOIRÉE

RESUME

De retour à Vergy, Julien ne se montre pas avant le soir. Il veut reprendre la main de Mme de Rênal, d'autant que son mari est présent : ainsi, il se vengera mieux de lui et des propos politiques qu'il est en train de tenir. Dans l'obscurité, il ose même couvrir de baisers cette main que, par crainte, on ne songe plus à lui retirer. Mme de Rênal commence à se rendre compte que les sentiments nouveaux qu'elle éprouve sont bien de l'amour : elle en est effrayée et ravie à la fois.

Mais le mot « adultère » soudain s'impose à elle dans toute son horreur ; son imagination naïve lui fait craindre déjà les châtiments publics les plus infamants. A peine les affres du remords cessent-elles qu'elles sont remplacées par la jalousie la plus inquiète. Mme de Rênal redoute en effet que Julien n'aime une autre femme : sa pâleur subite, ce portrait qu'il lui a défendu de voir... Au comble du délire, elle se met à crier, réveille sa femme de chambre devant qui elle a bien du mal à se dominer. Revenue à la raison par nécessité, elle se décide dorénavant à plus de sagesse.

CHAPITRE 12 : UN VOYAGE

RESUME

Malgré ses résolutions, le lendemain matin, elle finit par descendre au jardin. Julien l'attend depuis longtemps ; il a arraché au maire un congé de trois jours et ne veut pas partir sans la saluer. Dès qu'il la voit, il se précipite, ravi par le charme que dégage sa présence. L'accueil glacial qu'il reçoit blesse sa fierté : il y voit la volonté de le remettre à sa place, dans tous les sens du terme. Mais il s'en veut d'être atteint par de telles insolences, il ne faut pas que ces gens riches puissent quelque chose sur son cœur ! Il quitte Mme de Rênal sans rien lui dire de son voyage. Ce départ de Julien l'affole ; elle croit qu'elle le perd.

Pendant ce temps, notre héros traverse les montagnes pour se rendre chez son ami Fouqué, marchand de bois. Un hasard du chemin lui fait découvrir une grotte sauvage ; il y attend la nuit, se livrant au « plaisir d'écrire ses pensées », heureux et libre loin des hommes, imaginant qu'un jour, à Paris, il rencontrera la passion et la gloire. Fouqué, qu'il surprend dans ses comptes à une heure du matin, lui propose de devenir son associé : il apprécie les qualités de Julien et son commerce est florissant. Si j'accepte, adieu les rêves de gloire ! Notre héros, prétextant sa vocation religieuse, refuse l'offre alléchante de son ami. Mais il le quitte troublé, car il doute d'avoir le caractère de son ambition.

L'échappée solitaire

Quelle est la signification de ce voyage de Julien, sa station dans la grotte et sa visite à Fouqué ? Ce chapitre est une **pause**, une façon de prendre du champ et d'échapper à sa conquête amoureuse au moment même où elle se précise. Cette étape s'explique par le goût des héros stendhaliens pour la **solitude**. Loin des hommes et du monde, dans une nature quasi archaïque et matricielle, se ressourcer en s'abandonnant au plaisir d'être soi, et plus encore, à la conscience qu'on en a, voilà le sens du « Je suis libre ! » de Julien. C'est « l'**égotisme** » stendhalien, qui n'est pas narcissisme ni a *fortiori* égoïsme. Ce mot anglais, d'abord péjoratif sous la plume de Stendhal quand il désignait la manie de parler de soi, a fini par signifier l'audace et le plaisir d'être soi, dans le mépris total de l'opinion. Ce plaisir se prolonge dans l'acte d'écrire qui apparaît comme une jouissive exploration de soi : « Il eut l'idée de se livrer au plaisir d'écrire ses pensées [...]. Sa plume volait : il ne voyait rien de ce qui l'entourait. » Quelques lignes plus loin : « Avant de quitter la petite grotte, Julien alluma du feu et brûla avec soin tout ce qu'il avait écrit. » Ainsi n'a-t-il écrit que pour écrire.

Sens de la visite à Fouqué

Après cette rêverie de promeneur solitaire, Julien est alors en mesure de rendre visite à **Fouqué**. L'art du monologue intérieur n'a pas supprimé les confidents. En fait, il a moins besoin de parler à Fouqué que de mesurer sa « folie », de la réactiver à l'aune d'un **double raisonnable de lui-même**. Car ce que vient voir Julien chez Fouqué, c'est lui-même en bûcheron ignoré, sans histoire, dans tous les sens du terme. La Restauration découpe la société en deux : du côté du pouvoir, les hypocrites et les coquins. De l'autre, les honnêtes gens, rares, opprimés ou évincés : le juge de paix plie devant le vicaire Maslon, Chélan est destitué. Celui qui ne veut pas céder doit aller vivre au fond d'une forêt, en bûcheron et en exilé de l'Histoire. Voilà ce que propose Fouqué à Julien : ni le Rouge, ni le Noir, mais le vert ; un autre genre de réussite et de vie en somme, sans plus d'affrontement.

Les possibles du récit

Julien est donc à **une croisée des chemins**. Ainsi le roman ménage ces constantes indécisions narratives, que G. Mouillaud appelle les possibles du récit. Épouser Elisa, s'associer avec Fouqué, devenir le lieutenant de La Vernaye, autant de romans parallèles qui ne sont esquissés que pour être rejetés parce qu'ils conduiraient Julien à trahir son être véritable. La proposition de Fouqué est tentante mais nécessairement écartée : « elle dérangeait **sa folie** ». On sait la récurrence de ce mot très caractéristique de la psychologie stendhalienne où le héros, dans ces moments-là, s'abandonne aux délices et aux délires de l'improvisation existentielle. Mais quelle est donc ici cette « folie » à laquelle Julien se voue, beaucoup plus qu'à la prêtrise ? « Rien ne put vaincre la vocation de Julien, Fouqué finit par le croire un peu fou. » Quelle est la nature de cette vocation ? Elle ne relève pas de la raison qui calcule, autrement dit de la fortune, mais d'une raison supérieure, celle de l'Être, seule voie d'accès au sublime.

CHAPITRE 13 : LES BAS A JOUR

RESUME

En apercevant Vergy, Julien s'étonne de n'avoir pas pensé à Mme de Rênal ; son absence a mis celle-ci au désespoir et l'a rendue vraiment malade. Pour se distraire, elle a confectionné en toute hâte une toilette qu'elle arbore dès le retour du jeune précepteur. Cette coquetterie nouvelle, comme son trouble en présence de Julien, achève de convaincre Mme Derville que sa cousine est amoureuse. Julien en est également persuadé à voir comme elle s'alarme de son éventuel placement ailleurs. Mais il se garde de la rassurer, craignant qu'elle ne reprenne à son endroit une fierté distante. L'orgueil de notre héros serait bien rassuré s'il savait comme Mme de Rênal l'admire et comme sa réputation est établie à Verrières.

Le soir, au jardin, « usant de son ancien privilège », il prend la main de Mme de Rênal, mais ne réagit même pas quand celle-ci la lui serre à son tour. Presque étranger à la conversation, absorbé dans des pensées qui le rendent maussade, il abandonne sans s'en apercevoir cette main. Mme de Rênal, bouleversée, y voit la confirmation de son départ, et, dans un geste d'égarement, s'empare de celle de Julien. Flatté dans son amour-propre, notre « jeune ambitieux » décide que cette femme sera sa maîtresse ; au moment de la quitter pour la nuit, il lui confie qu'il l'aime avec passion mais que, cela ne convenant pas à un futur prêtre, il partira. Dans sa chambre, toute à l'innocence de son bonheur, Mme de Rênal imagine que Julien restera près d'elle, comme un ami.

CHAPITRE 14 : LES CISEAUX ANGLAIS
CHAPITRE 15 : LE CHANT DU COQ

RESUME

De son côté, Julien, pour satisfaire son intrigue, établit un plan de bataille en bonne et due forme, qu'il va jusqu'à rédiger. Ce projet lui fait perdre d'ailleurs tout naturel : sa conduite, que Mme Derville juge bien sournoise, fait alterner gaucheries et hardiesses ; si les premières charment Mme de Rênal, les secondes l'effraient et la choquent au point qu'elle ordonne à Julien de se montrer prudent. Son inexpérience et sa prétention à vouloir jouer les don Juan font de lui le plus sot et le plus ennuyeux des hommes. S'en rendant compte, il préfère partir pour Verrières où il assiste le bon curé Chélan dans son déménagement : le parti jésuite vient de le destituer au profit de son arrangeant vicaire, l'abbé Maslon.

Sans avoir été préméditée, cette absence joue encore une fois en la faveur de Julien. Aussi reprend-il son rôle et, sans précaution, déclare à Mme de Rênal qu'il viendra dans sa chambre « cette nuit à deux heures ». Une telle annonce la scandalise ; quant à lui, le voilà pris au piège de sa vanité : cette femme probablement le méprise, mais peut-il reculer ? Contraint de s'exécuter, quand deux heures sonnent, il se rend tout tremblant dans la chambre de Mme de Rênal qui, effrayée, l'accable de reproches. Julien se jette alors à ses pieds en pleurant. Cette faiblesse fait son succès ; on s'abandonne à lui. Mais au lieu de goûter le bonheur qui s'offre, l'idée d'un devoir à accomplir lui ôte tout plaisir. Il se demande même après coup : « Ai-je bien joué mon rôle ? »

Julien et Tartuffe

La vie de Julien à Verrières est un dialogue permanent entre la sensibilité et le devoir. Tantôt il est naturel et heureux, tantôt il s'applique à suivre un modèle. Comment comprendre chez lui ce goût du rôle à jouer ? Gardons-nous d'y voir le signe d'une hypocrisie d'intérêt à la manière de Tartuffe. Même si Julien connaît ce rôle par cœur (II,13), il est très **différent** de celui qu'il prend pour son « maître » : Tartuffe n'est pas un homme vulnérable qui a besoin d'un masque ; aucune innocence en lui à protéger ; imposteur et intrigant, ses visées sont claires : il ne cherche que des possessions matérielles. Au contraire, s'avancer masqué, pour Julien, c'est cacher sa fragilité, conquérir une dignité, être enfin reconnu par les autres et surtout par soi-même. Son hypocrisie est donc, au sens étymologique, art du jeu, et le masque qu'il revêt souvent est d'abord un masque de théâtre.

Jouer un rôle

Son goût de l'auditoire et du public (qu'on retrouvera chez Mathilde) s'est révélé au chapitre VI, où sa mémoire étonnante lui permet de faire « un numéro » devant M. et Mme de Rênal, les enfants et même les domestiques, transformés en public. L'expérience de Verrières fera recette ; à Besançon devant l'évêque, puis à Paris à l'hôtel de La Mole, Julien reprendra la scène avec succès et la jouera avec un plaisir… non dissimulé. Car **son hypocrisie devient jeu.** J. Starobinski souligne d'ailleurs « l'étroite connivence du plaisir et de la vie masquée. Ce qui compte dans l'hypocrisie de Stendhal, plus que le succès pratique de la manœuvre, c'est l'élégance des moyens, la réussite esthétique du ''bien jouer'' |…| La lutte pour le pouvoir ou pour l'argent se trouve alors transposée sur le plan de la fête, et par un ultime retour à la gratuité, l'hypocrisie n'a pas d'autre ambition que la perfection de son propre jeu ». Il ne reste plus (à Stendhal mais aussi à Julien) qu'à jouir en lui-même d'être si parfaitement hors de lui-même : « Ai-je bien joué mon rôle ? » Ce goût de l'**exhibition** est l'occasion — paradoxe bien stendhalien — d'agir sur l'auditoire et de séduire son public sans être atteint en profondeur par son regard.

Stendhal et le théâtre

Stendhal, ici, investit son personnage. On connaît sa passion de jeunesse pour le théâtre ; il eût aimé n'écrire que des comédies comme Molière. Mais au XIXᵉ siècle, la comédie a déserté les planches pour les parquets cirés des salons. Le genre n'est plus possible : « Depuis que la démocratie a peuplé les théâtres de gens grossiers, incapables de comprendre les choses fines, je regarde le roman comme la comédie du XIXᵉ siècle » (1834). Le goût du théâtre a laissé en lui des traces puisqu'à l'âge de cinquante ans, il se souvient toujours d'avoir déclamé dans les salons parisiens : « Le 24 décembre 1802, je lus *Cinna*. Je n'ai jamais vu un triomphe pareil, j'en étais fou. L'on m'applaudit tous les dix vers. Je jurais en rentrant de déclamer supérieurement dans un an. Depuis lors, j'ai marché de succès en succès. » Stendhal semble revivre à travers Julien ce **plaisir de jouer** qu'il eut à vingt ans, mais avec la distance d'une ironie amusée.

CHAPITRE 16 : LE LENDEMAIN

RESUME

Cette application maladroite de Julien à jouer un rôle échappe à Mme de Rênal, trop agitée pour s'en apercevoir. Le lendemain, en sa présence, elle dissimule mal son trouble. Notre ami, contrairement à son habitude, demeure très prudent. Redoutant de n'être déjà plus aimée, Mme de Rênal ose lui serrer subrepticement la main : ce geste si extraordinaire rallume la passion de Julien. Mme Derville met en garde sa cousine, laquelle n'a qu'une hâte : se retrouver seule à seul avec son amant. Dans son impatience, le soir, elle va jusqu'à sa chambre, mais un reste de pudeur lui interdit d'entrer. Julien enfin la rejoint et, moins encombré d'amour-propre que la veille, peut goûter aux charmes de sa maîtresse.

La crainte continuelle chez cette femme d'être trop âgée pour lui le rassure, chasse ses dérisoires calculs et lui fait retrouver l'ardeur naturelle à sa jeunesse : « ... en peu de jours [il est] éperdument amoureux ». Il n'en revient pas de posséder une femme si ravissante et, dans sa candeur, s'enthousiasme pour tout ce qu'elle porte : chapeaux, bijoux, chiffons qu'elle lui laisse découvrir dans sa chambre, ravie elle-même de tels transports, se plaisant à l'instruire de mille « petits usages », regrettant de n'avoir pour mari cet homme qu'elle admire. Mme Derville, désolée de voir ses conseils sans effet, préfère quitter Vergy. Son départ laisse Mme de Rênal plus libre de retrouver Julien. Quant à lui, il trouve un bonheur nouveau dans la sincérité de cet amour partagé, au point qu'il est prêt à confier à Mme de Rênal son ambition.

COMMENTAIRE

Bonheur et détente

Ce chapitre marque la victoire de l'authenticité sur les préjugés et les principes. Julien oublie son rôle, il redevient enfant, et découvre le monde féminin. Il joue avec chapeaux et robes, ne peut se rassasier d'un parfum. Il se **dénoue**. Le contraste est vif entre sa méfiance habituelle et ce moment de contemplation esthétique dont la rareté fait le prix. Stendhal regarde ses personnages s'adonner à l'**instinct de la vie heureuse**. Mme de Rênal s'étonne de son bonheur et regrette naïvement le temps où elle « pouvait encore passer pour jolie ». Julien a quelques sursauts d'ambition mais il cède aux élans de son âme. Pourtant une légère distance subsiste, ils ne sont pas encore en parfaite communion : si elle le regarde parce qu'il constitue son seul univers, lui regarde les objets, et ne pense pas qu'à elle.

Le temps stendhalien

Elle aime au conditionnel passé (« si j'avais connu », « j'aurais épousé »), lui est tourné vers l'avenir. Pas si facile d'être ensemble dans l'**instant**. Si relative que soit l'harmonie des amants, elle dépasse de très loin ce que Mme de Rênal connaît avec son mari et ce que Julien connaîtra avec Mathilde. Bien que Mme de Rênal appartienne toujours au « camp ennemi », la rencontre des êtres se fait ici dans leur vérité la plus secrète, au-delà de toute détermination sociale et de toute relation de possession. Cette vérité est celle de l'âme qui affleure dans de tels moments d'élection. D'où, chez Stendhal, une perception singulière du temps qui ne crée ni ne détruit rien mais maintient l'essentiel comme **en suspens**, diffus dans le mouvement ordinaire de la vie. Par éclairs seulement, cet essentiel des êtres se constitue. Alors le monde est aboli, le **temps est arrêté, immobile**, sans parole et sans geste. Ardemment contemplatif et de nature éminemment **poétique** bien plus que romanesque, ce moment de grâce sera celui de la prison.

CHAPITRE 17 : LE PREMIER ADJOINT

RESUME

Un incident vient cependant empêcher Julien de se confier tout à fait à Mme de Rênal. Un soir, alors qu'ils sont seuls, il déplore la chute de Napoléon : depuis son absence, juge-t-il, il est impossible à un jeune homme dépourvu d'argent de faire carrière. Comment ne pas le regretter ? A ces mots, le visage de Mme de Rênal se rembrunit. Julien explique bien vite qu'il ne fait là que répéter des propos entendus chez son ami Fouqué, mais mesure à la réaction de sa maîtresse combien, en dépit de l'amour qu'elle lui porte, elle reste marquée par sa classe. En fait, c'est plutôt la grossièreté du point de vue qui la choque. Julien, prudent, n'ose aller plus avant.

Cependant, Mme de Rênal continue à l'éclairer sur la société en général et Verrières en particulier. Ils passent des moments de pur bonheur, Julien oubliant jusqu'à son ambition auprès de cette femme que séduisent sa naïveté et sa force, et qui pressent en lui un homme d'avenir.

CHAPITRE 18 : UN ROI A VERRIÈRES

RESUME

Grand émoi à Verrières : la petite ville va recevoir la visite d'un monarque. Le préfet demande la formation d'une garde d'honneur que M. de Rênal, dans l'intérêt du parti ultra, songe immédiatement à confier au timoré mais dévot M. de Moirod. Mme de Rênal, au détriment de jeunes gens mieux établis, obtient pour Julien une place dans cette fameuse garde, puis l'un des plus beaux chevaux de M. Valenod, qui déteste pourtant notre précepteur ; elle s'enquiert enfin d'un uniforme tout neuf dont elle veut lui faire la surprise. Le maire doit par ailleurs prévoir une grande cérémonie religieuse car le roi veut vénérer la fameuse relique de saint Clément exposée près de Verrières. Nouvelles discussions mesquines et interminables : il faut imposer au nouveau curé Maslon la présence de l'abbé Chélan, vieille amitié de M. le marquis de La Mole, personnage puissant, chargé d'escorter le roi. Finalement, le curé Chélan viendra et, à sa demande, Julien lui servira de sous-diacre.

Le jour tant attendu arrive : soleil magnifique et foule en liesse. La présence du fils Sorel dans la garde d'honneur fait sensation : indignation des libéraux et propos venimeux des ultras. Julien, qui a fière allure, est « le plus heureux des hommes » ; sur sa monture rebelle, il se croit un héros; Mme de Rênal ne le quitte pas des yeux. Fin du premier acte et changement de décor.

Pendant que le roi dîne, Julien galope jusqu'au sanctuaire où l'attend le curé Chélan, enfile soutane et surplis, et sur les traces de son doyen, se met en quête de l'évêque, le neveu de M. de La Mole récemment nommé, qui doit présider la cérémonie. Julien le surprend devant un miroir, s'exerçant à des bénédictions et essayant sa mitre. Il est saisi par son jeune âge et sa politesse exquise. L'adresse avec laquelle le prélat tient son rôle fait son admiration. La beauté de la cérémonie achèvera de le convaincre qu'il faut abandonner l'ambition militaire. Aux premières loges en effet, il ne perd rien du spectacle. Dans son audace, il pénètre jusqu'à la chapelle ardente où se trouve la statue du saint, jeune soldat romain blessé au cou, devant laquelle le roi veut s'agenouiller. La présence des meilleures jeunes filles de Verrières, l'éclat de la liturgie, la magnificence du lieu portent l'émotion de Julien à son comble.

COMMENTAIRE

L'armée impossible

Pour Julien, la visite du roi à Verrières est moins un événement politique qu'une révélation esthétique et une occasion de revêtir un uniforme. Son rêve de gloire militaire, cristallisé dans la figure de Napoléon, trouve là, l'espace d'une journée, de quoi devenir réalité. Stendhal nous rapporte avec **humour** et **tendresse** la naïveté avec laquelle « son héros » se prend au jeu. Si Fabrice va à Waterloo, ni Julien ni Lucien ne pourront connaître la réalité de la Grande Armée. Il n'en rêve qu'à travers ses formes dégradées. Ici, il ne s'agit que d'une **armée d'opérette** pour défilé de parade. Mais l'imagination fait le reste : « Il était officier d'ordonnance de Napoléon et chargeait une batterie ».

L'uniforme

Il suffit d'un costume reluisant et d'un cheval vigoureux pour que « nos héros » trouvent le bonheur et que resurgisse le rêve chevaleresque. Julien goûte une **ivresse juvénile**. On retrouvera la même « plénitude » chez Lucien Leuwen : « Il regardait un canapé, et sur ce canapé était jeté un habit vert, avec passepoils amarante, et à cet habit étaient attachées les épaulettes de sous-lieutenant. C'était là le bonheur. » Ce que laisse entendre Stendhal — et que nos héros ne voient pas, éblouis qu'ils sont par l'uniforme — c'est que la pompe militaire (et la pompe ecclésiastique qui lui succède) ne sont que **théâtre** : l'habit ne fait pas plus le héros que le moine. Mais Julien se prête au jeu, s'invente des dangers et croit les surmonter, quand ils sont écartés par ce hasard, qui doit beaucoup à la bienveillance de l'auteur : « Par un grand hasard, il ne tomba pas ; de ce moment, il se sentit un héros. » La rapidité avec laquelle il quitte l'**habit rouge** pour enfiler l'**habit noir** — et passer de la scène militaire à la scène ecclésiastique — suggère que ses ambitions sont interchangeables ou même se superposent : « Julien portait fort bien son surplis [...] mais, par un oubli qui redoubla la colère de M. Chélan, sous les longs plis de sa soutane on pouvait apercevoir les éperons du garde d'honneur. » Entre deux scènes, nous visitons les coulisses et la loge. Julien est fasciné par la **répétition générale de l'évêque** qui redouble le motif théâtral dont on a vu qu'il était une forme particulière du bonheur stendhalien. **Le masque** de Julien est plutôt ici une panoplie. L'hypocrisie est bien une **fête** tant qu'elle ne pénètre pas l'âme, qu'elle n'arrive pas à la vieillir, qu'elle n'est rien d'autre qu'une défroque. Julien la porte comme un costume qui ne blesse point. Il n'est pas Lorenzaccio qui finira par être empoisonné par elle. Quand il dépassera cette vanité puérile, il la retirera à volonté.

CHAPITRE 19 : PENSER FAIT SOUFFRIR

RESUME

Huit jours après cette journée mémorable, Verrières est encore agitée de la présence de Julien dans la garde d'honneur et sa belle mine, dit-on, permet d'en deviner la raison. Sur ce, le jeune Stanislas-Xavier tombe malade et Mme de Rênal, en proie aux remords les plus cuisants, s'imagine que Dieu la punit de son amour coupable. Son désarroi est tel qu'elle songe à tout avouer à son mari. Julien, qu'elle ne se résout pourtant pas à sacrifier, lui propose, afin d'apaiser sa conscience, une séparation temporaire à la condition qu'elle taise leur liaison. Il est rappelé au bout de deux jours. La guérison de son enfant ne ramène pas la tranquillité dans le cœur tourmenté de Mme de Rênal : sa passion pour Julien la brûle à l'égal de son remords. Quant à lui, la profondeur d'un tel amour le met en adoration devant sa maîtresse. Cependant Elisa, la femme de chambre, qui n'a jamais pardonné au jeune précepteur de l'avoir repoussée, révèle à M. Valenod la nature de la relation de Julien avec Mme de Rênal. Mortifié qu'une femme si distinguée ait pu lui préférer un petit paysan, il adresse au mari trompé une lettre anonyme qui lui découvre la vérité.

CHAPITRE 20 : LES LETTRES ANONYMES

RESUME

A l'air courroucé du maire, Julien se doute de ce qu'il a pu lire ; il prévient Mme de Rênal et lui recommande la plus grande prudence. Le soir, il s'enferme à clef dans sa chambre où sa maîtresse, affolée à l'idée d'une quelconque froideur de sa part, cherche en vain à le rejoindre. Le lendemain, dans une lettre, elle lui exprime ses craintes mais surtout la profondeur de sa passion. Elle lui indique un plan de conduite pour détourner les soupçons qui pèsent sur lui. Il faut persuader M. de Rênal que la lettre anonyme qu'il a reçue provient de son rival, M. Valenod. Pour cela, une nouvelle lettre

est nécessaire qu'elle a pris soin de rédiger ; Julien en recons-
tituera le texte en découpant les mots dans un livre pour les
coller sur une feuille de papier utilisé par le directeur du dépôt.
Cette lettre, elle-même feindra de la recevoir au cours d'une
promenade et la transmettra, indignée, à son mari. Elle exi-
gera le renvoi d'un précepteur qui la compromet, lequel ne
manquera pas d'être aussitôt engagé par l'intrigant Valenod.
Une telle perspective fera reculer M. de Rênal. Après ces
adroites combinaisons, elle dit à Julien de sortir avec les
enfants et de guetter le signal qu'elle lui fera pour l'avertir
de la tournure des événements.

CHAPITRE 21 : DIALOGUE AVEC UN MAÎTRE

RESUME

Depuis la veille, M. de Rênal est dans un état d'agitation
incroyable, se perdant en conjectures sur l'auteur de la lettre anonyme ; il déplore de ne pouvoir se confier à aucun
ami, les ayant tous écartés par ambition ; il échafaude contre
sa femme et Julien les pires vengeances pour laver son honneur, échapper au ridicule, mais recule toujours par pusilla-
nimité et souci de ne pas manquer un riche héritage promis
à Mme de Rênal. Comme convenu, celle-ci lui remet la fausse
lettre anonyme, exige le renvoi de Julien. Avec beaucoup
de sang-froid, elle essuie l'interminable colère de son mari,
colère qu'elle dirige par des allusions adroites sur le directeur du dépôt : ne lui a-t-il pas fait la cour autrefois ? Et
comme à beaucoup d'autres femmes, ne lui a-t-il pas écrit ?
Furieux, M. de Rênal veut voir ces lettres et en reconnaît le
papier. Mme de Rênal a gagné. Elle se donne alors le gant,
en jouant habilement de la vanité et de la cupidité de son
mari, de le conseiller sur la conduite à tenir à l'égard de
Valenod. Quant au précepteur, il est convenu de l'éloigner
de Verrières, mais pas plus d'une semaine. Ému, Julien prend
congé de sa maîtresse qui lui a fait le récit circonstancié de
cette folle journée.

Le sang-froid des héros

Les chapitres XX et XXI, riches en péripéties, révèlent à nouveau une ligne de partage entre les héros stendhaliens et le reste du monde. Le « sang-froid inaltérable » de Mme de Rênal contraste avec la peur de son mari. En effet, les héros stendhaliens sont à l'abri d'un sentiment qui souvent accompagne la puissance. C'est aussi une des caractéristiques de leur « folie » que de **braver le danger** dans l'inconscience ou l'insouciance du risque. La menace qui pèse sur elle permet à Mme de Rênal de manifester une première fois ce sang-froid, qu'elle retrouvera lors de la visite de Julien après le séminaire ; pendant deux jours, il est caché dans sa chambre : « Tu as peur ! lui dit-elle ; moi je braverais tous les dangers du monde et sans sourciller. Je ne crains qu'une chose, c'est le moment où je serai seule après ton départ. »

La peur chez les puissants

La **peur** de M. de Rênal stigmatise l'univers aliéné où règnent l'importance, la vulgarité, l'affectation et la bassesse. Elle va souvent de pair avec la **haine** et enferme dans l'odieux ou le ridicule ceux qui, tout à ces deux passions, « oublient de vivre » ; ainsi, dans *La Chartreuse de Parme*, du marquis del Dongo et de son fils Ascagne dont le lieutenant Robert s'amuse de la « bravoure » : « Huit jours après [...], le marquis del Dongo revint de son château de Grianta [...] où, bravement, il s'était réfugié à l'approche de l'armée, abandonnant aux hasards de la guerre sa jeune femme si belle et sa sœur. La haine que le marquis avait pour nous était égale à sa peur, c'est-à-dire incommensurable. » Ainsi du prince Ernest Ranuce IV, dans *La Chartreuse* toujours, dont la volonté de puissance n'a d'égale que sa peur de trouver quelqu'un sous son lit. Et dans *Le Rouge*, lors de la visite du Roi, c'est la peur de monter à cheval de M. Moirod, « l'homme le plus dévôt du pays » — « on se moquait de la peur de M. Moirod dont à chaque instant la main prudente était prête à saisir l'arçon de la selle » —, qui contraste avec l'insouciance de Julien : « son cheval se cabrait à chaque instant, il était au comble de la joie ». La peur montre donc la **faiblesse** des « puissants ». Quand l'idée lui vient de tuer sa femme et Julien, la peur gagne aussitôt Rênal : « Il examina son couteau de chasse, qui était fortement tranchant ; mais l'idée du sang lui fit peur. »

La peur de l'énergie

C'est que la civilisation a détendu les ressorts de l'énergie. Dans ce « siècle dégénéré et ennuyeux », le poignard effraie parce que « la civilisation et le préfet de police ont chassé le hasard » : le poignard, ou pire, le clergé, qui ne badine pas sur la position qu'on occupe sur le registre des offrandes. M. de Rênal, tout à l'inquiétude d'y figurer le dernier, se voit traité avec mépris par Stendhal : « Laissons ce petit homme à ces petites craintes. » Et dans ce monde de timorés, les êtres de cœur effarouchent ; la **passion effraie**. Quand Julien se décide à mettre en dépôt chez Fouqué la lettre de Mathilde, son « regard était atroce, sa physionomie hideuse ; elle respirait le crime sans alliage |... il entra dans l'échoppe de l'écrivain du coin de la rue ; il lui fit peur : — Copiez, lui dit-il ». Mathilde aussi inspire de la peur à son entourage : « Elle se garda de répondre et se hâta de plaisanter son frère et le marquis de Croisenois sur la peur que leur faisait l'énergie. »

Une seule crainte : la platitude méchante

Pourtant, si Stendhal met ses héros à l'abri de cette peur qui signe la faiblesse, il laisse entendre qu'une autre menace pèse sur eux. Quand Mme de Rênal, qui va prendre du pain, se laisse surprendre par Elisa : « Elle avait toute la gaucherie d'une femme peu accoutumée à ces sortes de soins et en même temps le vrai courage d'un être qui ne craint que des dangers d'un autre ordre et bien autrement terribles. » Ces « dangers d'un autre ordre » sont les entraves à l'imagination, aux élans passionnés vers le bonheur ou pire encore leur négation. Ce serait alors la contamination du romanesque par le prosaïque et le triomphe de la noirceur du monde. La dédicace de *Lucien Leuwen* invite justement à s'en prémunir : cette mise en garde adressée aux « happy few » est bien un protocole de lecture autant qu'une conduite de vie : « Adieu, ami lecteur ; songez à ne pas passer votre vie à haïr et à avoir peur. »

CHAPITRE 22 : FAÇON D'AGIR EN 1830

RESUME

A Verrières, la première chose que fait Julien est de manifester publiquement son attachement au vieux curé Chélan. Installé chez M. de Rênal, il a la surprise, quelques jours après, de recevoir la visite du sous-préfet de Maugiron qui, après un bavardage interminable, finit par lui transmettre les propositions très avantageuses d'une personne qui cherche un précepteur. Avec beaucoup de finesse, Julien ne promet rien mais écrit à M. de Rênal pour lui demander conseil. Le hasard lui fait rencontrer le jour même M. Valenod à qui il glisse habilement son intention d'aller étudier à Besançon : pour cela, de sérieuses économies sont indispensables, mais il faudrait se résoudre à quitter les enfants du maire. Il est invité derechef à dîner chez le directeur du dépôt en compagnie de plusieurs « notabilités » de la ville.

Julien est choqué par le luxe tapageur, le mauvais goût et la grossièreté de ses hôtes. Son cœur se serre à l'idée qu'une telle richesse s'est constituée au détriment des pauvres et des détenus dont Valenod a la charge. Cette « sale fortune » qui pourrait être un jour la sienne lui fait horreur. Mais il est tiré de ses sombres pensées par l'obligation de satisfaire la curiosité des invités sur sa connaissance de la Bible. On l'interroge au hasard, il récite toujours en latin, exactement ; par courtoisie pour les dames, il propose même de répondre en traduisant directement. Il est regardé comme un prodige par les convives qui ne tarissent plus d'éloges sur son compte. Avec difficulté mais soulagement, il réussit à quitter ces Valenod qu'il méprise. Il devient en peu de temps la coqueluche de Verrières.

Puis, un matin, Mme de Rênal et ses enfants lui font la surprise de le réveiller. Ces retrouvailles sont un moment délicieux pour tous. Julien a le sentiment de retrouver *sa* famille, agrandie d'un lapin apprivoisé que ses élèves veulent absolument lui présenter. Il est ému aux larmes par l'attachement qu'ils lui montrent. Ils goûtent ensemble une joie innocente et tendre qui agace M. de Rênal et réveille ses soupçons. Celui-ci est rendu plus morose encore par ce qu'il apprend en ville des intentions de Valenod et par la froideur marquée que ce dernier croit habile de lui témoigner. Dans ses projets contre le maire, cet homme grossier et sans scrupules a su s'attirer la considération du clergé par une générosité que M. de Rênal, de notoriété publique, est loin de pratiquer.

L'importance d'un lapin

La scène du lapin est une nouvelle page de bonheur extrêmement détendu, d'autant plus précieux que la séparation d'avec Mme de Rênal est imminente (chap. XXIII) et que les événements précédents (chap. XXI), qui ont été dramatiques, ont renforcé la menace extérieure. On retrouve ce **climat d'enfance** très aimé de Stendhal qui reste le peintre le plus délicat de l'âme adolescente tendue vers le monde adulte. La fin du chapitre est construite sur une double arrivée. Celle de Mme de Rênal ouvre une échappée lumineuse après l'exil morose et la studieuse vertu de Julien. Ces êtres distingués et grâcieux prennent un relief très particulier après la peinture de Verrières et notamment de la famille Valenod. L'humour tendre de Stendhal fait du lapin l'indice de la **détente de Julien** : « Il fit bon accueil à tous, même au lapin. » Les réticences passées à l'égard des enfants (« les enfants l'adoraient, lui ne les aimait point [...] tout ce que ces marmots pouvaient faire ne l'impatientait jamais »), son ancienne rancœur à l'égard des petits nobles (« ces enfants me caressent comme ils caresseraient le jeune chien de chasse qu'on leur a acheté hier ») s'évanouissent dans cet accueil : « Il lui semblait retrouver sa **famille** ; il sentit qu'il aimait ces enfants. » Le vrai Julien triomphe, s'abandonne encore au plaisir d'être soi, **sans masque**. Tout le monde est à l'unisson, et goûte ce bonheur rendu possible par l'absence du père. Le point de vue de Stendhal dans la scène est entièrement confondu avec celui du groupe heureux ; M. de Rênal joue les trouble-fête et par son entrée brutale précipite les événements. Le **retour du Père** supprime toute possibilité de bonheur.

CHAPITRE 23 : CHAGRINS D'UN FONCTIONNAIRE

Une mystérieuse affaire d'adjudication vient alourdir le climat de Verrières. Le maire a été mis dans l'obligation par les autorités religieuses de Besançon de permettre la location d'une maison communale à un bail plus qu'avantageux. L'idée du scandale que pourrait déclencher cette compromission forcée rend son humeur détestable. Heureusement l'atmosphère se trouve rassérénée par la visite inattendue d'un certain Géronimo, chanteur napolitain de son état : son histoire, qu'il conte avec une verve tout italienne, et ses exécutions mettent la maison en joie. Julien retient de son récit l'obligation qu'il y a de tromper pour réussir. Les semaines solitaires qu'il vient de passer à Verrières lui paraissent une « époque de bonheur », où il pouvait vivre sans hypocrisie. Quant à Mme de Rênal, son amour lui fait désirer parfois d'être veuve et libre d'épouser son amant.

Cependant, les langues vont bon train. De bonnes âmes se chargent vite d'informer le maire des bruits qui courent sur sa femme. Le curé Chélan lui-même, alerté par une confession d'Elisa, enjoint Julien de quitter la ville au plus vite. De son côté, Mme de Rênal, prévenue par son mari de l'effervescence de l'opinion publique, se résigne au départ inévitable de son amant, d'autant que Julien promet de revenir la voir de nuit, trois jours après. Il lui faut toutefois calmer le maire qui veut un duel contre l'infâme Valenod. Elle finit par lui faire sentir combien son intérêt exige au contraire de le ménager, que le pire de tout serait que Julien accepte ses offres et s'installe chez lui. L'honneur serait sauf en revanche si ce précepteur entrait au séminaire à Besançon ; une bonne somme d'argent pourrait l'y décider que Julien, par fierté, refuse énergiquement. Soulagé de n'avoir rien à débourser, M. de Rênal lui rédige le plus beau des certificats de bonne conduite. Trois jours après, notre héros retrouve une maîtresse glacée par la perspective d'une séparation, cette fois définitive. Les adieux manquent de chaleur. Julien en garde une âme navrée.

Le rôle de Géronimo

A un des moments les plus tristes du récit (Julien et Mme de Rênal vont se quitter) et des plus ennuyeux (l'épisode complexe de l'adjudication), un **air italien** souffle sur Verrières, intermède musical qui vient interrompre l'action. Ce chanteur haut en couleur ne manque pas de charme. Cette petite **scène de comédie** confirme le talent dramatique de Stendhal. Il y a du Scapin dans ce personnage qui affabule avec brio dans une improvisation digne de la commedia dell'arte : geste, ton, mimique, accent, tout y est, même quelques mots en italien auxquels Stendhal ne résiste pas. Mais on se demande où l'auteur veut en venir.

Stendhal et l'opéra

On se souvient que l'opéra a été la grande passion de sa vie, on sait que le nom de Géronimo est emprunté à un personnage du *Mariage secret* de Cimarosa que Stendhal a durablement apprécié et auquel il dut sa révélation de la musique. A Ivrea, il eut le coup de foudre pour une actrice qui chantait dans *Le Mariage secret* ; elle avait une dent cassée sur le devant, mais cela importe-t-il au coup de foudre ? Bien des années plus tard, Stendhal aurait tout sacrifié pour écouter encore une fois son œuvre préférée. Cette **digression** a donc des excuses même si personne ne peut se convaincre de sa nécessité narrative. C'est qu'elle est d'abord une insouciance du récit, une parenthèse de poète sur un air italien, qui aère le tissu romanesque.

Une écriture en liberté

Cette manière stendhalienne de vivre dans l'instant, affranchi des décors, des événements, des personnages, pour s'abandonner à quelques moments heureux auxquels on concède une sorte d'éternité devient une manière d'écrire. Ces bifurcations ou **impulsions du récit** rappellent la liberté du voyageur qui « aime à suivre l'impulsion du moment » (*Promenades*). Stendhal détestait les plans (en marge du brouillon de *Lucien Leuwen* on lit : « faire le plan d'avance me glace »). Aussi ses compositions sont-elles **capricieuses** autant que logiques, **poétiques** autant que narratives. Comme ses personnages qui s'oublient parfois dans le bonheur lors des moments de détente, Stendhal oublie son roman avec *disinvoltura*, et le reprend, avec ce rythme, ce « **style sans cellulite** » que note fort justement Philippe Berthier : « Chez Balzac, on avance, mais entravé : il s'agit d'emporter le monde avec soi. Chez Flaubert, c'est pire : enlisé, on ne part pas. Stendhal, lui, à chaque instant, lâche tout |…, continuellement entraîné plus loin, en avant de lui-même et comme tiré par un inépuisable principe de renouvellement. Le temps stendhalien est celui d'un mouvement qui ne s'enraye jamais, toujours revigoré, impatient, curieux, jamais bloqué ni repu. »

54

CHAPITRE 24 : UNE CAPITALE

RESUME

La citadelle de Besançon rappelle à Julien son ambition militaire. Il veut absolument la visiter. Son esprit en est encore rempli quand il passe devant un grand café. A ce mot magique, il ne peut se retenir d'entrer. La serveuse engageante qui l'a déjà remarqué le met en confiance. Séduit par sa beauté, Julien s'enhardit à lui dire son nom et son état ; rapidement s'installe entre eux une complicité telle que notre héros en vient à parler d'amour, juste au moment, hélas ! où l'un des amants de la belle Amanda (c'est le nom de la serveuse) entre au café.

Dans l'esprit échauffé de Julien, qui dévisage son rival, il ne peut s'agir que de duel. Amanda, ravie de son courage, lui enjoint cependant la prudence tout en lui racontant des histoires. Que Julien lui prouve son amour en sortant immédiatement du café ! Notre jeune ami obtempère et, l'esprit plus calme, songe qu'il a intérêt à déposer ses habits bourgeois dans une auberge pour les retrouver à chaque sortie du séminaire : cela facilitera ses visites à la belle. L'hôtel des Ambassadeurs fait l'affaire d'autant que l'hôtesse semble pleine de sollicitude pour ce « joli petit abbé » qu'elle engage à revenir. Les poches remplies de provisions, Julien la quitte pour le séminaire.

COMMENTAIRE

Les personnages de rencontre : leur rôle

Aux personnages principaux et secondaires du roman stendhalien, s'ajoutent les personnages de rencontre tels qu'**Amanda Binet**. Très succinctement décrits, ils ne font qu'une courte apparition, disparaissent comme ils sont venus mais restent pourtant dans la mémoire du lecteur. Comparses de voyage rencontrés au hasard de l'aventure, ils ne sont pas convoqués pour soigner la mise en scène fidèle et réaliste de la France de la Restauration. Le joyeux Géronimo, la belle caissière Amanda sont de toutes les époques, ils s'apparentent plus à des **types** et ne sont appelés dans le récit que par la seule loi de la fantaisie. Ce sont, selon M. Bardèche « des passagers embarqués pour quelques chapitres [...] semblables à ces lutins qui paraissent un moment dans les féeries de Shakespeare. Ils traversent la scène en courant ; ils dansent pendant deux ou trois chapitres ». Géronimo, Amanda Binet, le jeune évêque d'Agde, le chevalier de Beauvoisis sont bien ces **silhouettes** dessinées d'un trait qui ne servent qu'à donner une réplique à Julien, lui offrir l'occasion d'un duel, l'opportunité d'une leçon ou d'un conseil.

L'amour du duel

Mais la scène du café est intéressante parce qu'elle révèle le goût du risque et l'**insolence** provocatrice des héros stendhaliens. Leur goût anachronique du duel les ramène, hors du siècle, aux temps héroïques de la chevalerie — sinon de la sauvagerie ! — où flottaient les étendards de l'**énergie absolue**. Contre le savoir-vivre poli mais atone d'une **civilisation exténuée**, la bravade des interdits leur incombe. Stendhal note d'ailleurs dans *De l'Amour* : « La perfection de la civilisation serait de bien combiner tous les plaisirs délicats du XIXe siècle avec la présence fréquente du danger. Il faudrait que les jouissances de la vie privée pussent être augmentées à l'infini en s'exposant souvent au danger. » L'Italie rêvée est d'abord la patrie du poignard et du poison, terre naturelle d'insécurité qui exacerbe l'exaltation du moi par cette urgente nécessité d'affronter le risque sans calcul dans l'insouciance superbe de tout ce qui n'avive pas la sensation ; ainsi se définit le Napolitain : « A proprement parler, la plupart des Napolitains n'ont pas de passions profondes mais obéissent en aveugles à la sensation du moment » (*Promenades dans Rome*). Une âme forte est donc une âme réactive et impulsive, qui s'empare de toutes les occasions pour s'inventer **des dangers** dont la proximité exaspère la **volupté**. « Dans presque tous les sentiments de la vie, une âme généreuse voit la possibilité d'une **action** dont l'âme commune n'a pas idée. A l'instant même où la possibilité de cette action devient visible à l'âme généreuse, il est de son intérêt de la faire » (*De l'Amour*, chap. 34). C'est donc un autre aspect de la « folie » des héros stendhaliens que de retremper ainsi leur **âme héroïque** toujours menacée d'exténuation dans un réel si peu romanesque. On voit ainsi dans quel état d'esprit Julien aborde le **séminaire, équivalent symbolique du champ de bataille** de Waterloo pour Fabrice. C'est un Julien avide d'affrontement, tendu à l'extrême et qu'un rien provoque, qui arrive. Il ne faut pas moins qu'une bonne et grosse hôtelière, figure maternelle comparable à la cantinière de Fabrice, pour calmer un peu les velléités belliqueuses de notre héros.

CHAPITRE 25 : LE SÉMINAIRE

RESUME

L'aspect du séminaire et l'allure rébarbative du portier intimident Julien au plus haut point. Il explique en tremblant qu'il désire « parler à M. Pirard, le directeur du séminaire ». On le fait attendre dans une antichambre sévère, ce qui ne fait qu'augmenter son trouble. Enfin il est introduit dans une vaste pièce mal éclairée et austère où un homme mal vêtu s'affaire à son bureau sans lui prêter la moindre attention. Après dix minutes d'une attente mortelle, on lève les yeux sur lui, on l'enjoint d'approcher, de dire son nom. La sévérité du ton, mais plus encore celle du regard, font perdre à Julien le peu d'assurance qui lui reste : il s'évanouit.

Quand il se reprend, le directeur lui lit la lettre de recommandation adressée par le curé Chélan, son ami de longue date. On s'y interroge sur la sincérité de sa vocation. Puis Julien subit, en latin, un interrogatoire sur ses connaissances de la théologie et des Saintes Écritures. La clarté de ses réponses surprend heureusement l'abbé Pirard qui reconnaît au passage l'enseignement de son vieil ami. Il perd progressivement de sa sévérité mais recommande à Julien de se défier dorénavant de sa sensibilité. La bourse que demande le curé Chélan lui est accordée ; par distinction, il a droit à un « logement séparé » : une chambre exiguë sous les toits mais d'où l'on jouit d'une fort belle vue sur Besançon et les environs.

CHAPITRE 26 : LE MONDE

RESUME

Assez rapidement Julien découvre au séminaire un monde fermé et hostile. Il regarde ses condisciples comme autant d'ennemis, eux-mêmes contraints d'épouser les rivalités de leurs supérieurs. Ainsi commet-il la maladresse — lui qui s'était pourtant cru habile — de choisir pour confesseur M. Pirard qu'on soupçonne de jansénisme. Ses camarades sont pour la plupart des êtres grossiers, besogneux, des fils de paysans pauvres qui trouvent enfin au séminaire l'occasion de manger à leur faim. Ils n'apprécient guère les progrès rapides et le caractère trop affirmé de ce nouveau-venu qui enfreint la règle non écrite du lieu, laquelle veut qu'on ne manifeste ni intelligence excessive ni surtout indépendance d'esprit. Julien finit par comprendre que son hypocrisie nécessite une application de chaque instant et que le premier mérite, dans un tel endroit, est de n'en avoir point. Dès lors, toute sa conduite consiste à calquer sa figure et son comportement sur les paysans qui l'entourent, crédules, dociles à l'autorité et respectueux de l'argent.

Cependant un événement fâcheux manque de gâcher tant d'effort : on croit pouvoir le compromettre ; le coup vient de l'abbé Castanède, l'ennemi déclaré de M. Pirard, à qui il a fait parvenir une carte à jouer sur laquelle Julien avait griffonné l'adresse de la serveuse Amanda Binet. Notre héros explique maladroitement les circonstances de sa rencontre ; tandis qu'on fouille à nouveau sa chambre, il se félicite de n'être jamais sorti la retrouver depuis son entrée au séminaire. Une telle imprudence l'eût perdu définitivement.

CHAPITRE 27 : PREMIÈRE EXPÉRIENCE DE LA VIE

RESUME

L'humeur de Julien au séminaire est fort sombre. Jamais il ne s'est senti aussi seul qu'au milieu de ces êtres grossiers, avides de nourriture ou de pouvoir. La laideur qui l'environne lui fait parfois regretter amèrement son ambition. Il apprend de l'abbé Castanède que le gouvernement est moins à craindre que l'Église et son chef, le pape : la fierté d'un prêtre est dans l'obéissance aveugle au vicaire de Dieu sur terre, duquel procède toute autorité ; dans sa paroisse, le curé commande et n'a pas de compte à rendre au maire, pas plus que l'évêque au préfet. Il est même assuré, une fois en place et s'il sait s'y prendre, de bénéficier d'appointements non négligeables. Julien croit bon de conforter ces propos par l'exposé du livre *Du Pape* de Joseph de Maistre, mais la qualité de ses raisonnements ne fait qu'aiguiser la haine de ses camarades qui le surnomment « Martin Luther » et cherchent à lui nuire de toutes les façons.

COMMENTAIRE

Le séminaire

Il est avant tout l'école de la **docilité**. La seule règle est de ne pas faire d'objection. L'intelligence y est superflue, les livres sont les seuls ennemis ; penser est une erreur, pire un danger. Il s'agit d'obéir : on sera gratifié par une bonne cure, c'est-à-dire une cure où les repas sont assurés et où la fidélité à la Congrégation se monnaye en « chapons gras, œufs, beurre frais et mille agréments de détail ». L'espionnage est roi au séminaire, véritable microcosme de la société de la Restauration. **Le noir** que Julien a revêtu prend ici toute sa valeur morale : « le lecteur voudra bien nous permettre de donner très peu de faits clairs et précis sur cette époque de la vie de Julien |...| ce qu'il vit au séminaire est trop noir pour le coloris modéré que l'on a cherché à conserver dans ces feuilles » (chap. XXVII). Cet **univers clos** rappelle la machine de la fabrique de Verrières, car c'est bien d'une machine à laminer les esprits qu'il s'agit ici. Gare à ceux qui relèvent la tête ! La Congrégation, par la voix de Valenod, croira triompher des mauvaises têtes en coupant celle de Julien. Si notre jeune séminariste s'efforce à la docilité, son talent à jouer un rôle est pourtant mis à rude épreuve.

L'école de l'hypocrisie

« Quelle immense difficulté, ajoutait-il, que cette hypocrisie de chaque minute ! C'est à faire pâlir les travaux d'Hercule. » Julien a finalement trop peu de dispositions à l'hypocrisie pour réussir à se couler dans le moule : « Après plusieurs mois d'application de tous les instants, Julien avait encore l'air de penser. » Il ne peut s'assimiler.

Isolement de Julien

Son installation au dernier étage de la maison suggère déjà son isolement et **sa supériorité d'âme** parmi ses condisciples. Il n'y a qu'un parti pour lui, c'est le parti poétique. Même quand il fait mine d'être de ce que Stendhal appelle « le parti prosaïque » (cf. *Vie de Henry Brulard*) et qu'il mime le ridicule pitoyable des séminaristes, hantés par le menu du soir et le repas du midi, il n'a rien à voir avec ses condisciples « gloutons qui ne songent qu'à l'omelette au lard, aux saucisses ou à la choucroute ». Même l'évêque de Besançon n'échappe pas à cet attrait de la nourriture puisque le grand vicaire ne doit sa faveur qu'à l'art de lui retirer les arêtes de poisson. Julien n'est décidément pas de ce monde.

Étourderie du héros

Il se trahit toujours. Son **étourderie** signe **son âme supérieure**, elle met du jeu dans cette mécanique sociale à laquelle il ne peut s'identifier. Les maladresses et étourderies des héros stendhaliens ont toujours **valeur d'authentification** : « Toutes les premières démarches de notre héros, qui se croyait si prudent, furent, comme le choix d'un confesseur, des étourderies. » C'est Stendhal qui le dit, mais aussi Pirard : « Vous êtes extrêmement imprudent et même étourdi sans qu'il y paraisse. » Quoique efficace et appliqué, le héros stendhalien laisse toujours une porte ouverte à l'**imperfection** qui lui donne son **humanité** : excellent secrétaire du marquis de La Mole, il fait pourtant des fautes d'orthographe, comme Stendhal qui écrivait aussi « cella » sous les yeux indignés de son cousin Daru. On se souvient des éperons du costume militaire qui dépassaient sous la soutane lors de la cérémonie à l'abbaye. Mathilde elle-même demandera sa grâce à Frilair en disant : « il n'est capable que d'étourderie ».

CHAPITRE 28 : UNE PROCESSION

RESUME

Bien qu'il s'efforce de masquer sa différence, Julien ne parvient pas à plaire. Seul l'un de ses professeurs, l'abbé Chas-Bernard, lui témoigne de l'amitié. Lors de la Fête-Dieu, il est réclamé par cet abbé pour la décoration de la cathédrale. Rude besogne ! Il faut, en une seule matinée, habiller de damas rouge tous les piliers des trois nefs et, plus encore, disposer au-dessus du maître-autel, à plus de quarante pieds de hauteur, un bouquet de plumes pour couronner le baldaquin. Au mépris du danger, Julien s'acquitte de sa tâche avec souplesse et rapidité. L'abbé est ravi : jamais sa cathédrale n'a été aussi belle.

La cérémonie commence : Julien ne peut retenir son émotion. Les cloches, l'encens, les roses jetées troublent son âme et l'entraînent dans une rêverie profonde qui se prolonge délicieusement dans la fraîcheur, l'obscurité et le silence de l'église désertée par la procession. Resté pour garder les lieux, Julien est tiré de ses songes par deux femmes élégantes dont l'une, agenouillée dans un confessionnal, se trouve mal à son approche. A sa grande surprise, Julien reconnaît Mme de Rênal et son amie, Mme Derville, qui tente de la secourir. Du ton le plus vif, on lui commande de partir. Prêt à s'évanouir lui-même, Julien se réfugie derrière un pilier tandis que la procession pénètre dans la cathédrale.

COMMENTAIRE

La symbolique de l'élévation

Le roman stendhalien est bâti sur une série d'échos et de résonances. L'épisode de la cathédrale, tout en singularisant Julien de ses camarades, reprend le motif de l'élévation en lui offrant une nouvelle occasion de révéler son agilité dans les hauteurs. On pourrait lire la destinée de Julien à travers cette dialectique de l'**élévation** et de la **chute** : élévation initiale dans la scène de lecture perchée, dans les promenades à la montagne, dans la chambre du séminaire et la cellule de la prison. Proust remarque dans *La Prisonnière* le caractère symbolique de ce motif. Le narrateur dit à Albertine : « Vous verriez dans Stendhal un certain sentiment de l'altitude se liant à la vie spirituelle, le lieu élevé où Julien est prisonnier... » Mais aussi chute, sous le coup du père, chute de cheval, et finalement chute de la tête qui tombe mais qu'on enterrera dans la montagne. Ce n'est donc pas tout à fait un hasard si Julien réalise cet exploit de haute voltige qui réjouira tant l'abbé.

Une âme artiste

Son désir est aussi que la cérémonie soit belle. Julien connaît des émotions esthétiques intenses. Il a une âme d'artiste « faite pour aimer ce qui est beau ». La nouvelle église de Verrières le ravit, la cérémonie de l'abbaye le subjugue. La beauté naturelle du promontoire de Vergy l'émeut. Le son d'une cloche entendue dans le lointain suffit à son bonheur et suscite ce commentaire de l'auteur : « jamais il ne fera un bon prêtre ni un grand administrateur [...] Les âmes qui s'émeuvent ainsi sont bonnes tout au plus à produire un artiste ». Cet **appétit de beauté** est une autre façon de comprendre que Julien est **tout sauf un arriviste**. Apparemment rivé à la seule nécessité de sa réussite, combien de fois ne s'abandonne-t-il pas à la **gratuité d'une émotion esthétique** : « L'âme de Julien, exaltée par ces sons si mâles et si pleins, errait dans les espaces imaginaires. Son âme avait presque abandonné son enveloppe mortelle. » Encore un de ces « oublis d'ambition » qui prédisposent au choc affectif que recevra Julien en revoyant Mme de Rênal, et préfigure le geste final (dans l'église également) en lui donnant sa signification.

CHAPITRE 29 : LE PREMIER AVANCEMENT

RESUME

Encore sous le coup de l'événement, Julien est appelé un matin par l'abbé Pirard. Celui-ci quitte le séminaire et veut le récompenser de ses mérites en le faisant répétiteur. La reconnaissance de son disciple l'attendrit : il le conseille sur un ton d'intimité qu'il n'a jamais eu. Une telle nomination ravit Julien car elle le dispense enfin d'être toujours avec ses camarades, lesquels du coup changent d'attitude à son égard. Quand Fouqué envoie des cadeaux de la part de la famille de Julien pour améliorer l'ordinaire de tous, il est carrément respecté. Ses examens arrivent, qu'il réussit brillamment. Mais il est rétrogradé aux dernières places par le grand vicaire du diocèse, l'abbé de Frilair, ennemi déclaré de l'abbé Pirard qu'on se plaît ainsi à offenser.

Ce dernier constate avec satisfaction que son protégé n'est pas affecté de l'injustice. Il le charge de porter sa lettre de démission à l'évêché. En effet, il vient de recevoir sa nomination pour l'une des plus belles cures des environs de Paris ; une calèche attend, celle du marquis de La Mole, qui veut ainsi le remercier d'avoir défendu ses intérêts à

Besançon, dans une interminable affaire contre ce même Frilair. Auprès de l'évêque, l'intelligence et la culture de Julien font merveille ; le prélat, séduit, offre à son brillant séminariste les œuvres de Tacite, dédicacées de sa propre main. Cette faveur insigne achève d'asseoir la réputation de notre héros ; il devient la coqueluche du séminaire, malgré le départ de son protecteur.

COMMENTAIRE

Un personnage-clé : l'abbé Pirard

Face à la noirceur des Maslon, Castanède et Frilair, l'abbé Pirard, comme l'abbé Chélan, offre à Julien une **antidote au mauvais père**. Il incarne la force, la justice et son extrême sévérité se lit comme le refus des compromissions jésuites, en un temps où elles étaient nombreuses entre l'Église et le pouvoir. Homme de l'intégrité, il est nécessairement janséniste. Sa relation avec Julien est très symbolique. Il essaie de n'y faire entrer aucune part d'affectivité mais il est évident que cette froideur glacée (qui impressionne Julien à son arrivée), cette dureté de ton, sont autant de masques : encore **un être masqué**, pas du tout pour faire l'hypocrite ni pour sauvegarder ses intérêts — il n'est pas davantage que Julien un Tartuffe —, mais parce que **ce dur** (« le sévère abbé Pirard », « le sombre abbé Pirard », « le sévère janséniste ») est au fond **un tendre** qui se défie infiniment de sa tendresse. La scène d'intimité avec Julien est d'abord une scène de vérité humaine dans un monde où domine le mensonge. Elle révèle chez l'un et l'autre des puissances d'aimer, étouffées par le climat de haine ambiant, mais pas anéanties : « Sans s'en douter le sévère abbé Pirard aimait ce séminaire » ; Julien « resta immobile, il aimait l'abbé Pirard ».

La reconnaissance des êtres de cœur

L'extraordinaire solitude des âmes vraies laisse pourtant quelques occasions de rencontre aux êtres faits pour se comprendre, et qui déposent enfin le masque. Les rapports tendus et difficiles de Julien et de Pirard viennent du fait qu'ils se sont reconnus mutuellement (chacun voit dans l'autre un tendre), dans ce monde de loups et de renards : « Je vous envoie au milieu des loups » dit Pirard à Julien ; quant à Frilair, il a une « physionomie de renard ». Ce qui les unit est donc un lien d'**authentique paternité**, d'**authentique filiation**. Dans la deuxième partie, Julien dira d'ailleurs à l'abbé Pirard, qui lui servira régulièrement de confident : « J'ai retrouvé un père en vous, monsieur. » Tel est bien le sens de ce moment de rare complicité où le bouleversement se traduit extérieurement par les larmes de Julien et par le geste d'affection de Pirard, étonnant pour un personnage ascétique et sévère, qui cache en fait des abîmes de tendresse étouffée : « Julien fondit en larmes. L'abbé Pirard lui ouvrit les bras ; ce moment fut bien doux pour tous les deux. » La figure de l'abbé Pirard donne donc à **nuancer l'anticléricalisme de Stendhal** et à le comprendre comme la haine du jésuitisme, c'est-à-dire de l'hypocrisie.

Un mentor

Pirard joue aussi un rôle dramatique au moment où l'action va rebondir ; il prend part au destin immédiat de Julien avec le départ pour Paris, mais encore au-delà, à son destin plus profond. Il l'identifie comme être d'exception, qui tranche sur la vulgarité des « paysans » séminaristes, mais **prophétise** les menaces encourues : « Ta carrière sera pénible ; je vois en toi quelque chose qui offense le vulgaire. » Mais il ajoute avec une voix amie : « Si tu tiens à la vérité d'une étreinte invicible, tôt ou tard tes ennemis seront confondus. » **Parole prémonitoire**, même si échappe en partie à Pirard ce qu'est la vérité de Julien. « La vérité, l'âpre vérité » : encore faut-il s'entendre sur le terme. Plus qu'un mot d'ordre réaliste, c'est à la difficile connaissance de soi qu'invite l'épigraphe. Et au séminaire, Julien ignore encore sa vérité la plus intime.

CHAPITRE 30 : UN AMBITIEUX

RESUME

Le marquis de La Mole reçoit l'abbé Pirard et lui confie la difficulté qu'il a, faute de temps, de s'occuper sérieusement de sa famille et de ses affaires. Aussi cherche-t-il un homme de confiance qui fasse office de secrétaire. L'abbé refuse l'offre du marquis, mais recommande Julien, capable, selon lui, de grandes choses si l'on ménage sa fierté : il a de l'énergie, de la raison et conviendrait à ce poste. Lettre et mandat sont aussitôt envoyés à Julien. Sans savoir ce qui l'attend, ce dernier prend congé de l'évêque qui le complimente sur son avenir, puis retourne voir ses amis, Fouqué et le bon curé Chélan, lequel l'engage à quitter Verrières au plus vite et « sans y voir personne ».

Julien feint de lui obéir, se cache dans un bois pour y attendre la nuit. Alors seulement, muni d'une échelle achetée chez un paysan, il regagne la ville, pénètre dans la propriété du maire et arrive sous la fenêtre de Mme de Rênal. Pas de lumière ! Malgré les signes qu'il donne de sa présence, aucune réponse ! Tremblant devant tous les dangers possibles, il grimpe cependant jusqu'à la fenêtre, décroche les volets, frappe à la vitre. On finit par lui ouvrir : il reconnaît Mme de Rênal. Celle-ci, affolée et voulant rester fidèle à la conduite irréprochable qu'elle s'est fixée, repousse avec horreur son ancien amant. Julien multiplie les preuves d'amour, obtient de sa maîtresse qu'elle raconte ce qu'elle a fait depuis son départ ; mais ses larmes et ses prières restant sans effet, il va lui falloir sortir. Aussi décide-t-il de l'apitoyer par le récit de ses malheurs au séminaire et, pour parachever le tout, lui annonce-t-il avec fermeté qu'il la quitte pour toujours. A ces mots, Mme de Rênal se précipite dans ses bras. Les deux amants retrouvent enfin leur plaisir d'autrefois.

Au lieu de s'en aller au petit matin, Julien demande de ne partir que la nuit suivante. Mme de Rênal, qu'aucun remords ne retient plus, le cache toute la journée, dissimule l'échelle, lui procure de la nourriture, affronte la surveillance des domestiques. Le soir suivant, leur tête-à-tête est brutalement interrompu par M. de Rênal qui cherche sa femme. Alors que Julien est caché sous son lit, elle fait preuve du plus grand sang-froid pour détromper les soupçons. Nouvelle alarme à deux heures du matin : le mari cogne à la porte. Mme de Rênal éperdue embrasse avec passion Julien qui a juste le temps de sauter par la fenêtre et de s'enfuir dans les jardins, chassé à coups de fusil.

Livre deuxième

CHAPITRE 1 : LES PLAISIRS DE LA CAMPAGNE

RESUME

Dans la malle-poste qui l'emmène à Paris, Julien est distrait de ses « rêveries voluptueuses » par une conversation mettant aux prises un bonapartiste convaincu et son contradicteur, lequel fuit son château de province pour échapper aux passions politiques et à la tyrannie du vicaire local. Enfin « la solitude et la paix champêtre », mais aux Champs-Élysées ! Bel héritage que celui de l'empereur qui laisse au pays des petits nobles insolents et des prêtres passionnés par l'intrigue ! Dès son arrivée dans la capitale, Julien visite la Malmaison et n'est sensible qu'aux « monuments laissés par son héros ».

Trois jours après, il se rend enfin auprès de l'abbé Pirard qui lui explique sa nouvelle fonction, la conduite à observer tant à l'égard du marquis que de son fils ; âgé de dix-neuf ans, le jeune comte Norbert est élégant, mais brave et pénétré de la supériorité de son rang, tout comme sa mère la marquise, qui ne parle des princes qu'en baissant la voix et dont les ancêtres sont allés aux Croisades. L'abbé Pirard fait remarquer à Julien la chance inouïe que lui offre le marquis ; au cas où il ne ferait pas l'affaire, il lui promet par affection la place de vicaire. Enfin, ils arrivent en vue de l'hôtel de La Mole, dont l'architecture fort plate éblouit pourtant Julien.

CHAPITRE 2 : ENTRÉE DANS LE MONDE

RESUME

L'abbé Pirard conseille à notre héros de se défaire de son air de provincial ébahi s'il ne veut pas devenir immédiatement la risée des laquais. Julien n'en reste pas moins profondément saisi par la beauté des salons qu'il traverse, « patrie du bâillement et du raisonnement triste » aux yeux de l'auteur. Son regard détaille tout, y compris le maître des lieux, « petit homme maigre, à l'œil vif » à qui il est présenté. Plus que l'agitation du personnage, Julien retient sa politesse extrême. Il est libre pour deux jours, le temps de se faire faire habits, bottes et chemises aux adresses recommandées par le marquis. Quand il revient, M. de La Mole lui-même l'installe dans une « jolie mansarde » et lui donne un domestique. On le laisse seul dans la bibliothèque pour effectuer ses premières copies.

Quel ravissement ! Julien ouvre chacun des livres magnifiques et ne se sent plus de joie en découvrant une édition de Voltaire. Le marquis s'étonne cependant que la science tant vantée de son secrétaire n'aille pas jusqu'à l'orthographe : « il écrit *cela* avec deux *ll* » confie-t-il à son voisin dans le salon resplendissant où Julien n'a d'yeux que pour le jeune comte de La Mole qui lui paraît « admirable de tous points ». Sa sœur Mathilde ne lui plaît que par l'éclat de son regard. Au dîner, on parle d'Horace, semble-t-il pour éprouver ses connaissances ; rassuré par le sujet, Julien ose exposer des idées nouvelles qui font oublier sa maladresse ; on le trouve agréable. Son contradicteur, académicien, va jusqu'à le complimenter. C'est « peut-être un homme instruit », glisse-t-il à la marquise qui n'avait pas encore daigné regarder Julien.

COMMENTAIRE

Une curieuse rencontre

Norbert séduit davantage Julien que Mathilde. Pourtant le fils du marquis restera un personnage secondaire, alors que Mathilde deviendra sa maîtresse. La première rencontre entre les deux futurs amants apparaît comme une sorte d'**anti-séduction**, et est un écho inversé de la première rencontre avec Mme de Rênal. Stendhal lance un défi aux conventions littéraires de la rencontre amoureuse où le premier regard suffit à la séduction. Mathilde, seconde héroïne du roman, est perçue à travers le regard subjectif de Julien, qui la juge de manière assez négative tout en reconnaissant sa beauté. Toute l'**ambiguïté de la séduction de Mathilde** est d'emblée donnée : « Il n'avait jamais vu des yeux aussi beaux mais ils annonçaient une grande froideur d'âme. » Il ne peut éviter de la regarder mais on dirait qu'il cherche à échapper à une sorte de **fascination étrange** qu'elle exerce sur lui. Un des moyens de rompre le charme est de la comparer à Mme de Rênal qui, par contraste, apparaît enfin à Julien dans sa singularité. Ainsi absente de la presque totalité de la seconde partie, Mme de Rênal sera pourtant là de façon indirecte et toujours à son avantage.

CHAPITRE 3 : LES PREMIERS PAS

RESUME

Le lendemain, tandis qu'il travaille à la bibliothèque, Julien voit surgir Mathilde par une porte dérobée. La présence du secrétaire la contrarie, elle ne pourra subtiliser le second volume d'un conte de Voltaire. C'est sa façon à elle de parfaire l'excellente éducation qu'on lui dispense ailleurs ! Plus tard, le comte Norbert paraît à son tour et invite Julien à une promenade à cheval. Au retour, notre ami, qui se croit fameux cavalier depuis Verrières, fait une chute magnifique. L'incident alimente la conversation au dîner. Julien raconte sa mésaventure avec esprit et simplicité : il plaît à tout le monde, particulièrement à Mathilde et à son frère qui rient avec lui aux détails de l'événement. Le lendemain, il ose demander au jeune comte la permission de monter à nouveau en sa compagnie. Il manque de se rompre le cou plusieurs fois mais ne tombe point. Au dîner, le comte « rend justice » à sa hardiesse. Cependant, malgré les égards qu'on a pour lui, Julien se sent seul ; il a du mal à se faire aux usages de la famille de La Mole.

COMMENTAIRE

L'importance symbolique du cheval

La visite du roi à Verrières avait révélé des qualités de cavalier chez Julien. Stendhal ne disait pas qu'il se tenait bien à cheval mais, sa téméraire insouciance aidant, « mieux que la plupart des jeunes gens de cette ville ». Pourtant, dès son arrivée à Paris, l'**épreuve du cheval** se renouvelle (très souvent d'ailleurs, le roman tisse un jeu d'échos et de correspondances entre la première et la deuxième partie). Le fait de se tenir à cheval est lié à la thématique de l'**ascension sociale** : bien monter est le signe de la grâce aristocratique, qui peut entraîner le succès amoureux ! L'importance du cheval dans le monde stendhalien s'explique en effet par le **rêve chevaleresque** qu'entretiennent tous ses personnages. Mais cheval et chevalier dans la féodalité ne font qu'un ; jamais de cavalier sans monture. Ici, au contraire, le brillant cavalier est presque toujours désarçonné ou à la recherche de son cheval. Ce **traitement anti-chevaleresque des héros** soumis à la loi impitoyable de la chute brise ironiquement leur rêve ; leurs ardeurs sont vite refroidies par le contact avec la dureté du sol ou la boue. Ce **donquichottisme** des héros stendhaliens est constant, il est un moment obligatoire de leur itinéraire romanesque. Lucien Leuwen, dès le début du roman, tombe sous les fenêtres de la Dame ; Fabrice chute à Waterloo et perd sa monture ; Julien n'est pas épargné. Victoire du prosaïque sur le romanesque, la chute est une expiation momentanée du désir de s'élever. Comme Stendhal, ses personnages « tendent leur filet trop haut ». Il faut en rabattre, mieux, se débarrasser de cet imaginaire héroïque qui les détourne de leur vérité profonde.

CHAPITRE 4 : L'HÔTEL DE LA MOLE

RESUME

C'est donc seul ou presque que Julien apprend ce qu'est le monde en observant le brillant salon du marquis de La Mole : si l'on est « assez noble », on y est reçu comme ami, sinon il faut avoir le don d'être amusant pour être admis comme « subalterne ». En fait, sous le couvert d'une politesse parfaite, on s'y ennuie à mourir car « la moindre idée vive [semble] une grossièreté ». Voilà une société où l'on peut librement raisonner de tout à condition de ne parler de rien. Julien se dispenserait volontiers d'avoir à assister aux dîners de la marquise ; il s'en ouvre à l'abbé Pirard quand Mathilde les surprend.

« Celui-là n'est pas né à genoux » pense-t-elle, distinguant Julien de la plate cohorte des courtisans ordinaires dont elle prend plaisir à se moquer avec les jeunes amis de son frère.

L'abbé Pirard, dont le jansénisme souffre toujours de ces mondanités, répond aux questions de Julien et le prévient surtout de la maladresse qu'il y a pour lui à écrire en cachette dans une maison où l'on déteste les « écrivailleurs ».

COMMENTAIRE

Les salons de la Restauration

« J'ai adoré Saint-Simon en 1800 comme en 1836. Les épinards et Saint-Simon ont été mes seuls goûts durables » (*Vie de Henry Brulard*). Il y a en effet du Saint-Simon dans l'art stendhalien de nous introduire à la vie des salons de la Restauration, et à la **comédie** que l'aristocratie s'offre à elle-même pour croire encore à sa grandeur. Des êtres fantoches, des « nigauds à tranche dorée » selon Mathilde, y font de la **figuration**. On pense déjà au salon de Mme de Guermantes. J.P. Richard note très justement que, « marionnettes dures et creuses, les habitués de l'hôtel de La Mole ne sont guère que des morts-vivants : absurdement anachroniques, l'histoire semble les avoir vidés de leur substance et ils ne continuent à vivre que par leur part la plus superficielle, leur politesse. Sans doute sont-ils l'expression la plus achevée de la vision comique de Stendhal ». Julien, lui, a du mal à s'assimiler et à reproduire ce langage vide des salons : « Il se sentait incapable de rien inventer de semblable. C'était comme une langue étrangère qu'il eût comprise et admirée, mais qu'il n'eût pu parler. »

Stendhal et le langage

Chaque milieu traversé par Julien se singularise d'ailleurs par sa propre langue, plus ou moins hermétique pour lui. Au séminaire il doit parler « saucisses » ou « doctrines ecclésiastiques ». « Il faut, se disait Julien, que je me fasse à ces conversations. » Son malaise face au langage tient en fait à la question très stendhalienne du **parler vrai**. Comment ne pas « faire des phrases », ou des « dissertations » si l'on est académicien, des « tartines » si l'on est mondain ? De même, comment échapper à l'inauthenticité de tout discours amoureux ? Julien, pour parler d'amour, n'a que des phrases de roman à agencer. Sa première nuit passée avec Mathilde est marquée par son embarras : que dire ? Comment trouver en toute hâte un sujet de conversation ? « Il eut recours à sa mémoire comme jadis à Besançon auprès d'Amanda Binet, et récita plusieurs des belles phrases de *La Nouvelle Héloïse*. » Avec Mme de Rênal cependant, il préfère rester muet et refuse significativement de faire un couplet. Toute sa vie Stendhal a déploré **l'inadéquation de l'être et du dire**. « En tout, les mots ne sont rien », écrit-il à un correspondant. Le plus souvent, ils constituent même un obstacle majeur à la communication. L'exergue du chapitre XXII (livre premier) est révélateur : « La parole a été donnée à l'homme pour cacher sa pensée. » Encore faut-il qu'il y ait de la pensée : « Quel beau bal, dit-il au comte, rien n'y manque. — Il y manque la pensée, répondit Altamira. » Il importe donc de **se méfier du langage**. « Parler le moins possible », c'est un des premiers enseignements sur le monde que recueillent les héros stendhaliens. D'ailleurs, l'épisode de la note secrète et la « politique russe » de Korasoff pour reconquérir Mathilde enseignent tous deux l'art d'économiser ses paroles.

Le langage codé

C'est cette méfiance stendhalienne à l'égard du langage qui explique sa prédilection pour une **communication non verbale**, seule chance d'un vrai langage de l'intimité, qui ressemble le plus souvent à un **langage codé** fait de signes : c'est le signal convenu entre Mme de Rênal et Julien du mouchoir blanc agité en haut du colombier, ou celui convenu avec Pirard : « La lettre était signée d'un nom supposé, mais en l'ouvrant, Julien avait tressailli : une feuille d'arbre était tombée à ses pieds : c'était le signal dont il était convenu avec l'abbé Pirard. » Ce goût stendhalien pour la cryptographie est une façon de réserver à quelques-uns — les happy few — le bénéfice d'une communication vraie. Si Julien se méfie du langage, Stendhal se méfie de la littérature, du « galimatias » de Mme de Staël, des « belles phrases de M. de Chateaubriand ». Il lui importe aussi de trouver avec son lecteur une connivence qui relève de la communication authentique.

La connivence avec le lecteur

Le lecteur problématique de Stendhal (« Je mets un billet à une loterie dont le gros lot se réduit à ceci : être lu en 1935 » ; en effet, « je n'écris que pour cent lecteurs et de ces êtres malheureux, point hypocrites, point moraux, auxquels je voudrais plaire, j'en connais à peine un ou deux ») doit donc être apte à parler cette langue secrète pour être digne de la dédicace du livre aux happy few qui « aimeront à s'entourer du prestige du caché [...] peu s'en faut que Stendhal et ses amis n'adoptent une langue initiatique », note J. Starobinski. Et Stendhal avait précisé : « Il est sans doute parmi nous quelques âmes nobles et tendres comme Mme Roland, Mme de Lespinasse, Napoléon, etc... que ne puis-je écrire dans un langage sacré compris d'elles seules !... » (*Promenades dans Rome*). Disposer d'une langue sacrée et secrète, pour mieux se comprendre et parler vrai ; parler vrai pour être soi : la question est essentielle pour Julien tout au long du roman. On appréciera mieux sa **prise de parole** lors du procès, discours **improvisé**, c'est-à-dire libéré de tous les modèles et langages d'autrui, qui marquera alors symboliquement l'accès à la vérité sur soi et sur le monde.

CHAPITRE 5 : LA SENSIBILITÉ ET UNE GRANDE DAME DÉVOTE
CHAPITRE 6 : MANIÈRE DE PRONONCER

RESUME

Julien, par la qualité de son travail, gagne progressivement la confiance du marquis. Par l'abbé Pirard qui le présente à ses amis jansénistes, il découvre avec étonnement que la religion n'est pas forcément synonyme d'hypocrisie et d'ambition. Cela ne le sauve ni de l'ennui ni de la solitude qu'il éprouve à l'hôtel de La Mole où il sent trop que son premier succès n'était que de curiosité. « Une sensibilité folle lui [fait] commettre des milliers de gaucheries » dont la marquise se moque quelquefois.

M. de La Mole, qui l'apprécie de plus en plus, prend son parti, y compris dans une rocambolesque affaire d'honneur avec le chevalier de Beauvoisis, jeune diplomate policé et précieux dont Julien fait la connaissance pour avoir voulu régler une altercation avec son cocher. L'esprit et la conversation fort libres du chevalier amusent notre ami qui se lie à lui : il est même emmené à l'Opéra. Mais pour s'épargner le ridicule de s'être battu avec un simple secrétaire, M. de Beauvoisis fait courir le bruit que Julien est « le fils naturel d'un riche gentilhomme de Franche-Comté, ami intime de M. de La Mole », ce qui ne déplaît pas au marquis.

CHAPITRE 7 : UNE ATTAQUE DE GOUTTE

RESUME

Retenu chez lui par une attaque de goutte et privé de la compagnie des siens, le marquis apprécie de plus en plus la conversation de Julien, qu'il veut franche et amusante, et sa collaboration éclairée autant qu'efficace. Il va jusqu'à lui donner « un habit bleu » qui lui permet, tout secrétaire qu'il est, d'être traité « comme un égal » chaque fois qu'il le porte. Julien en fait l'expérience étonnée. Puis, pendant deux mois, il est envoyé en mission à Londres où il se lie avec de jeunes seigneurs russes, dont le prince Korasoff. Dès son retour, il reçoit en récompense la croix de M. de La Mole, laquelle lui vaut un jour la visite de M. Valenod qui, futur maire de Verrières, recherche son appui.

COMMENTAIRE

Habit noir et habit bleu

Le rôle du vêtement est important dans le roman. Il donne la condition des personnages et les situe dans la société. Chaque étape de la vie de Julien est d'ailleurs marquée par un **changement de vêtement**. Quand il arrive chez M. de Rênal, il lui faut quitter sa veste de paysan pour se faire tailler un habit noir. Son bonheur est à son comble lors de la visite du roi où il passe de l'uniforme militaire, le bel habit « bleu de ciel avec épaulettes » à l'habit ecclésiastique. Avant d'entrer au séminaire, il cherche une auberge pour déposer ses « habits bourgeois », dans l'espoir de les revêtir pour retrouver Amanda. Julien est donc **toujours entre deux costumes**. Entre le Rouge et le Noir bien sûr ! Mais ici, c'est le plus curieux cas de changement dans le roman : habillé en bleu, il est traité en égal par le marquis et Julien lui-même veille à la bonne distinction des couleurs.

Le Rouge, le Noir ou le Bleu ?

Le bleu est une couleur aussi importante que le rouge et le noir dans le roman ; chez M. de Rênal comme chez le marquis, elle est pour Julien la couleur de la fête et de la joie du déguisement. Le bleu revient aussi à la fin quand Fouqué montre à Mathilde, après l'exécution, « un grand manteau bleu sur le plancher ; là était enveloppé ce qui restait de Julien ». Stendhal nous en fait voir de toutes les couleurs. Après avoir refusé à son héros de se mettre au vert chez Fouqué, après l'avoir écartelé entre le rouge et le noir décidément irréconciliables, voilà qu'il le voue à **sa couleur essentielle**. Ce bleu, c'est en définitive celui de l'azur dans lequel planait l'épervier de Verrières, celui qu'il entrevoit de toutes les fenêtres élevées de ses différents séjours, c'est la couleur de l'immensité et la **couleur de l'Être**, seule quête véritable de toute sa vie.

CHAPITRE 8 :
QUELLE EST LA DÉCORATION QUI DISTINGUE ?

RESUME

De retour du Midi, Mathilde et sa mère trouvent Julien changé. Il s'est défait de sa lourdeur de provincial et ressemble maintenant à un « dandy ». Mlle de La Mole est accablée d'ennui à l'idée de retrouver les salons de son père et ses galants insipides. Elle prie Julien de se rendre au bal de M. de Retz. Cette quasi-convocation l'irrite au plus haut point : décidément il supporte mal cette « grande fille » blonde et les airs qu'elle se donne. Heureusement la magnificence du bal dissipe sa mauvaise humeur. Ébloui et intimidé, il pénètre dans les salons où l'on se bouscule pour admirer la « reine » de la soirée.

Mlle de La Mole est, en effet, l'objet des commentaires les plus flatteurs. Cela pique la curiosité de Julien ; il se fait un devoir de l'approcher et, sans se départir du ton le plus froid, répond aux questions de Mathilde. La singularité de notre secrétaire l'étonne, d'autant qu'elle contraste fort avec la cour empressée que lui fait l'ennuyeux mais exquis marquis de Croisenois. En vain cherche-t-elle dans le comte Altamira l'occasion de se distraire : un homme qui a été condamné à mort ne peut être tout à fait plat. Rien n'y fait. Au bras de l'aimable Croisenois qu'elle s'amuse à séduire, adulée par la meilleure société, comblée de tous les avantages, Mathilde est triste : il lui manque le bonheur.

CHAPITRE 9 : LE BAL

RESUME

Mathilde cache mal son humeur ; elle s'impatiente en fait de ne pas revoir Julien. Elle l'aperçoit enfin en grande conversation avec le comte Altamira ; ils parlent de Danton au sujet duquel elle s'attire quelques répliques sèches et méprisantes de la part de notre héros. Elle s'étonne que ce M. Sorel, si beau, puisse faire « un tel éloge de la laideur » ! Décidément curieuse des propos qu'il échange avec « le condamné à mort », elle écoute avec un intérêt de plus en plus marqué leur diatribe contre la médiocrité du siècle où le caractère et la passion ont disparu au profit de l'intérêt et de l'esprit de parti. Et Altamira d'ajouter qu'il y a bien dans ce bal « huit ou dix assassins honorés et sans remords » alors que lui, pour ses idées, et Julien, pour son origine, n'ont droit qu'au mépris. Le regard de notre ami en ce moment dit assez clairement à Mathilde le peu d'estime qu'il lui porte. Elle devrait mépriser ce « plébéien révolté » qui, tout ébloui par un tel bal, finira pourtant sa nuit à lire « l'histoire de la Révolution ». Le lendemain, à la bibliothèque, elle trouve un prétexte pour lui parler malgré l'indifférence qu'il manifeste. Elle pousse même l'indiscrétion jusqu'à lui demander d'où lui venait l'air enflammé qu'il avait la veille en compagnie d'Altamira. Julien lui répond alors d'un air terrible qui lui fait peur.

COMMENTAIRE

« L'amour de tête »

Stendhal écrit de l'amour de Julien et Mathilde : « Cette peinture de l'amour parisien est absolument neuve. Elle fait un beau contraste avec l'amour vrai, simple, ne se regardant pas soi-même, de Mme de Rênal. C'est l'amour de tête comparé à l'amour de cœur. » Il entre donc de la vanité dans l'amour de tête et le sentiment importe moins que sa représentation ou son récit et s'exprime à l'intérieur d'une tactique. En utilisant les analyses de R. Girard dans *Mensonge romantique et vérité romanesque* sur le **désir triangulaire**, on peut, à propos de Mathilde et Julien, parler en effet d'amour de vanité. Le vaniteux, selon

Girard, ne tire pas ses désirs de son propre fonds mais convoite quelque chose ou quelqu'un parce qu'autrui le désire déjà, à la différence de l'être passionné, spontané et indifférent à l'opinion d'autrui.

L'importance des modèles

Des modèles historiques ou littéraires s'interposent en effet entre Mathilde et Julien : il s'agit moins d'une rencontre de personnes que d'une **croisée d'images**. « Pour achever le charme, il la croyait une Catherine de Médicis » ; Julien croit « aimer une reine ». Quant à Mathilde, elle voit Julien à travers Boniface de La Mole et à travers Danton ; elle aime une promesse ; elle n'aime pas dans l'instant, car Julien n'est que le signe avant-coureur de ce qu'elle lui donne à devenir. L'amour de tête est donc intellectuel et ce n'est pas un hasard si la **bibliothèque** est le premier cadre et le lieu le plus fréquent de leurs rencontres. La bibliothèque est bien une figure intellectuelle et platonique de la chambre, où le réel et l'imaginaire se superposent dans les livres. Ces deux ordres s'y croisent ; là, Julien et Mathilde ne trouvent pas une retraite, mais un espace qui relance leur imagination chevaleresque.

Mathilde de La Mole

Qui est Mathilde, sinon l'image de la femme amazone ? L'antinomie de l'imaginaire stendhalien est connue : à la femme tendre et maternelle (Mme de Rênal) s'oppose la guerrière qui incarne la force virile et l'héroïsme. « Julien lui trouva |…| l'air dur, hautain et presque masculin. » D'ailleurs, le **choix du nom de Mathilde** est significatif : il vient du germanique *Macht* (la force) et *Hild* (le combat). Elle a quelque chose de la figure de la sœur, personnage tragique par excellence qui entraîne à la terreur, telle Electre qui veille en permanence auprès d'Oreste pour soutenir d'un zèle terrible tout manquement à l'idéal et au devoir du sang. M. Guérin suggère même que « la symbolique fraternelle de Mathilde contient le père, dissimule l'emblème viril ». Mathilde en effet impose à Julien des modèles. Et, par une sorte d'incantation permanente, lui donne à imiter, s'insinue en lui et intériorise le défi. L'amalgame de deux modèles et de deux strates historiques : Boniface et Danton, en leur retirant toute spécificité, augmente leur pouvoir d'identification. Ainsi, un **imaginaire héroïque** médiatise la relation Mathilde/Julien. Ce n'est donc pas un hasard si **le personnage** d'Altamira est entre eux dans la scène du bal. Il incarne la grandeur du proscrit autant que la séduction du condamné à mort, il les appelle l'un et l'autre à la fraternisation, et à la rencontre de leurs destins.

CHAPITRE 10 : LA REINE MARGUERITE

RESUME

Toujours irrité par l'indiscrétion de Mathilde, Julien est tiré de sa mauvaise humeur par le grand deuil qu'elle arbore. Est-ce encore une affectation chez cette « poupée parisienne » ? Quelle différence avec le naturel de Mme de Rênal ! Que signifie cette toilette ? Il lui faut le secours de l'académicien pour apprendre enfin que, chaque 30 avril, Mathilde porte le deuil de son lointain ancêtre Boniface de La Mole, décapité en place de Grève. Cette fille de caractère reste frappée que la reine Marguerite de Navarre ait osé demander au bourreau la tête de son amant pour l'enterrer elle-même. La conduite singulière de Mathilde trouve grâce aux yeux de Julien, d'autant qu'elle lui manifeste un intérêt marqué. Ils ont ensemble de longues conversations au jardin où elle lui confie avec enthousiasme et franchise son goût pour les « temps héroïques de la France », son mépris pour la platitude de l'époque et des êtres qu'elle côtoie, Croisenois ou son frère, qui n'osent pas même une pensée. Il doit se rendre à l'évidence : le ton d'intimité qui est le sien, le plaisir qu'elle prend en sa compagnie ne peuvent être que de l'amour. « Eh bien [se dit Julien] elle est jolie !... Je l'aurai... » Dès lors, il n'a plus que cette idée en tête.

COMMENTAIRE

L'amour romanesque

Mathilde estime chaque jour davantage Julien. Son attirance repose sur l'intuition qu'elle a de sa qualité d'âme et d'une ambition qui répond à la sienne. Quant à Julien, son jugement évolue à partir de la découverte d'une certaine naïveté chez Mathilde : « Quel naturel charmant ! quelle naïveté ! ». Mais son attitude profonde est peu modifiée : « Est-ce possible que ce soit là de l'amour ? Quelle différence avec les regards de Mme de Rênal ! » En fait, l'intérêt de Julien se fixe sur un mirage de l'héroïsme, qui est lié chez Mathilde à l'amour romanesque et cruel, et à un besoin essentiel de rompre l'ennui.

Amour et cruauté

Mathilde le fascine par sa philosophie de la vie et de soi qui respire la cruauté. Il y a d'ailleurs dans toute l'œuvre de Stendhal, malgré une volontaire discrétion, une certaine complaisance pour le **sanglant**, dont le but n'est pas d'exciter un peu facilement l'émotion, mais de mettre en lumière une **grandeur d'âme** et une certaine qualité de courage. Mais ce mirage de l'héroïsme devra, lui aussi, être dissipé. Pour Mathilde au contraire, il ne cessera pas et provoque en elle un enthousiasme factice, toujours tributaire d'un public. C'est d'ailleurs la signification du deuil qu'elle affiche si **théâtralement** : « C'eût été à une tendresse simple, naïve et presque timide qu'il se fût trouvé sensible, tandis qu'au contraire, il fallait toujours l'idée d'un **public** et des autres à l'âme hautaine de Mathilde. » D'autre part, l'aspect prophétique du chapitre (« la tête de son amant décapité ») est évident. L'intérêt qu'ils se portent semble réel pour Mathilde, très partiel pour Julien. A travers l'héroïsme de Mathilde, c'est la figure de Mme de Rênal qui recevra, en filigrane, une lumière encore plus pure.

CHAPITRE 11 : L'EMPIRE D'UNE JEUNE FILLE
CHAPITRE 12 : SERAIT-CE UN DANTON ?

RESUME

Avant l'arrivée de Julien, Mathilde s'ennuyait. La politesse plate des salons, la prudence de ses prétendants la font bâiller. Trop conformistes, ses adorateurs ; en eux, point de grandeur véritable ni de réel courage ! Aussi est-elle séduite par le caractère farouche et orgueilleux de Julien. Quand elle découvre qu'elle l'aime, son exaltation romanesque ne connaît point de bornes. Elle rêve d'une passion héroïque qui lui fera faire de grandes choses. Enfin, pense-t-elle, un destin étonnant s'annonce. N'est-ce pas déjà une audace que d'oser aimer un homme si éloigné de sa condition ?

Il faudra donc que Julien se montre toujours digne d'elle. Il a une volonté et une énergie qui ne lui font craindre ni l'imprévu ni le ridicule, à la différence des Norbert, Caylus, Luz et Croisenois. Ces messieurs lui reprochent « son air prêtre », mais redoutent en fait son mérite. Julien cependant m'aime-t-il vraiment ? se demande Mathilde. Jamais il ne m'a parlé d'amour. Curieusement notre héros se pose exactement la même question à propos d'elle.

COMMENTAIRE

Un exemple de « cristallisation » amoureuse

La naissance de l'amour chez Mathilde pourrait constituer une illustration de la théorie de la cristallisation élaborée par Stendhal dans *De l'Amour*, son essai de 1822 sur les passions. Il démystifie le vague trop romantique des sentiments au profit d'une analyse minutieuse de la psychologie humaine et en démonte le **mécanisme**. La cristallisation est une opération mentale qui se caractérise par une **projection** lente mais subtile de l'esprit qui façonne la réalité à son désir et recrée l'être aimé sur le mode de l'idéalité : « Laissez travailler la tête d'un amant pendant vingt-quatre heures, et voici ce que vous trouverez : aux mines de sel de Salzbourg, on jette, dans les profondeurs abandonnées de la mine, un rameau d'arbre effeuillé par l'hiver ; deux ou trois mois après, on le retire couvert de cristallisations brillantes : les plus petites branches, celles qui ne sont pas plus grosses que la patte d'une mésange, sont garnies d'une infinité de diamants, mobiles et éblouissants ; on ne peut plus reconnaître le rameau primitif. Ce que j'appelle cristallisation, c'est l'opération de l'esprit qui tire de tout ce qui se présente la découverte que l'objet aimé a de nouvelles perfections. »

CHAPITRE 13 : UN COMPLOT

RESUME

Le lendemain, Julien qui surprend encore Mathilde et Norbert en train de parler de lui se croit victime d'un « complot ». Voudrait-on se moquer de lui ? La faveur dont il est l'objet de la part de Mathilde a, en effet, toutes les apparences d'un piège. Ce soupçon tue à l'instant le début d'amour qu'il éprouvait pour elle et qui tenait davantage de la fascination que subit tout parvenu devant « une jolie femme du grand monde ». Dès lors il essaie de percer la singularité de sa conduite : n'est-ce pas cette dévote affichée qui lit Voltaire en cachette ? S'il est séduit par tant de maestria dans la duplicité, il n'en redouble pas moins de prudence... et de froideur. Cela ne fait qu'augmenter la passion de Mathilde.

Pour couper court à toute machination éventuelle, Julien décide de partir pour le Languedoc, sur les terres du marquis. Ce départ affole Mlle de La Mole ; elle oblige Julien à le différer et lui fait remettre une lettre qui n'est autre que sa « déclaration d'amour ». A sa lecture, notre « pauvre paysan » ne se tient plus de joie : être aimé par une grande dame qui fait le premier pas et qui délaisse, pour lui qui n'est rien, un fils de duc élégant et spirituel, dépasse toutes ses imaginations ! Il est « fou de bonheur ». Cette victoire réveille son ambition. Mais, à l'image de Tartuffe, il veut tenir des gages : aussi dissimule-t-il la lettre de Mathilde dans une Bible qu'il expédie à son ami Fouqué.

CHAPITRE 14 : PENSÉES D'UNE JEUNE FILLE

RESUME

Mathilde avait dû lutter contre son orgueil pour se résoudre à écrire. Mais sa passion l'avait emporté. Sa seule crainte désormais est de déplaire à Julien. Dans ce « siècle dégénéré et ennuyeux », elle sait combien l'inconvenance de sa démarche la perd à jamais. Elle se livre à l'inconnu ; est-elle seulement aimée ? Le lendemain, tôt dans la bibliothèque, Julien remet sa réponse. Mathilde s'enfuit sans vouloir entendre un mot. Notre ami est convaincu que c'est à sa froideur qu'il doit cette lubie amoureuse. Tout cela est un caprice auquel il se reproche d'avoir cédé en partie en remettant son départ. Dans cette bataille qu'il livre contre « l'orgueil de la naissance », Julien se rend compte qu'il est à rude épreuve. Une seconde lettre le relance, dont il s'amuse en répondant par l'annonce de son départ précipité. Mais une troisième lettre, en fin d'après-midi, le fait pâlir : Mathilde lui donne rendez-vous dans sa chambre, une heure après minuit.

La communication indirecte

« Les moments décisifs de la communication (aveux, ruptures, déclarations de guerre) sont chez Stendhal généralement confiés à l'écriture. » G. Genette s'interroge à juste titre sur cet **échange de lettres** entre Julien et Mathilde. Il est d'autant plus curieux qu'ils habitent sous le même toit. Mais l'aveu que Mathilde doit faire à Julien semble impossible par la parole directe. Elle lui envoie donc une lettre qui était « tout simplement une déclaration d'amour ». Julien ajoute à la dramatisation et de la démarche et du document en confiant celui-ci à son ami Fouqué avec d'infinies précautions. D'autres lettres suivent : « Quelle manie d'écrire ! se dit-il en riant, quand on peut parler si commodément. » Julien, qui n'est pas amoureux, conserve **une distance ironique** : « Mlle de La Mole parut sur le seuil de la porte de la bibliothèque, lui jeta une lettre et s'enfuit. Il paraît que ceci va être le roman par lettres, dit-il en relevant celle-ci. » Tout dit ici le caractère indirect et différé de la communication. Or, celle-ci, lorsqu'elle est authentique, est souvent chez Stendhal un simple échange de signes. Fabrice trace des lettres au charbon sur sa main, puis constitue un alphabet pour communiquer avec Clélia. Avec la Sansévérina, il met au point un système de signaux lumineux. Mais dans ces deux chapitres du *Rouge et le Noir*, l'échange de lettres **maintient plutôt les amants à distance**. Leur relation amoureuse reste **formelle**. Cette technique de la séduction épistolaire sera reprise en écho par l'épisode des lettres recopiées pour Mme de Fervaques et révèle ainsi que cette passion ne se nourrit que de son impossibilité.

CHAPITRE 15 : EST-CE UN COMPLOT ?

La première réaction de Julien est de voir, dans ce rendez-vous, la confirmation d'un piège. Grimper par une échelle jusqu'à une chambre, et ce par « le plus beau clair de lune du monde » serait une folle imprudence. On veut manifestement le perdre. Tout est clair : il n'ira pas et partira le lendemain comme prévu. Mais sa belle résolution vole en éclats : si Mathilde est sincère, alors il apparaît comme le dernier des lâches ! Quel remords s'il recule ainsi devant le premier danger qui s'offre à lui ! Il ne peut décemment se dérober, il y va de son honneur, pense-t-il en citant Corneille. Imaginant l'une après l'autre les pires éventualités, Julien, comme à un duel, s'efforce chaque fois d'y trouver une parade. Il recommande même à Fouqué de venger sa mort probable en faisant publier les lettres de Mathilde. Plus le moment approche et plus il a peur. Au dîner, il observe Mlle de La Mole qui, à cause de sa pâleur, ne lui a jamais paru si « belle et imposante ».

COMMENTAIRE

Corneille et Stendhal

La référence cornélienne dans ce chapitre n'est pas sans intérêt. Stendhal et Corneille, selon Ph. Berthier, « habitent la même planète ». Car Corneille connote d'abord la virilité et renvoie au climat d'orgueil et d'exaltation aristocratiques du règne de Louis XIII qui n'est pas encore la cour normalisée de Versailles. Stendhal, dès l'enfance, s'est nourri des valeurs cornéliennes où il trouvait tous les bonheurs de l'expansion du moi. Il connaît par cœur *Horace* et *Cinna*, qu'il aurait vus jusqu'à sept fois par an ! Contre la tiédeur et l'insignifiance de son « siècle dégénéré et ennuyeux », l'être stendhalien, comme l'être cornélien, est celui qui n'a pas peur d'**aller jusqu'au bout de lui-même**. Car Corneille n'est pas le champion du « devoir » qu'en a fait la tradition scolaire. Du moins ce devoir ne contrarie-t-il pas les pulsions de l'être, il les assume plutôt et les accomplit. De sorte que le mot d'**honneur** qui revient chez Corneille — et chez Stendhal — n'est là que pour rappeler aux personnages leur exigence inlassable à être... Il y a même chez les héros stendhaliens quelque chose qui tient à la **« gloire » cornélienne**, comprise comme l'orgueilleuse satisfaction d'atteindre à l'idéal du moi et de soutenir non seulement sa renommée devant les autres, mais surtout vis-à-vis de soi-même. C'est pourquoi l'**amour stendhalien** est vécu en termes de bataille : il n'est pas comme chez Balzac le marchepied de la fortune, mais plutôt **l'épreuve de la valeur et de la « noblesse »**. Ne pas être aimé en effet, c'est ne pas exister : c'est déchoir, et d'abord à ses propres yeux.

CHAPITRE 16 : UNE HEURE DU MATIN

RESUME

Julien multiplie les démarches de prudence, observe les gens et les lieux, et ne peut qu'admettre la folie de l'entreprise. Cinq minutes après l'heure fixée — le temps de recevoir encore un contrordre —, il monte à l'échelle, trouve Mathilde qui l'observe depuis une heure. Toujours sur ses gardes et dépourvu totalement d'amour, Julien est fort embarrassé. Mathilde ne l'est pas moins. Le tutoiement auquel elle s'applique le rassure et flatte son amour-propre. Enfin, après bien des atermoiements, Mlle de La Mole se donne à lui ainsi qu'elle l'avait décidé. Mais jamais, dans ce « rendez-vous glacé », ils n'ont été aussi loin de l'amour. Julien est étonné plus qu'heureux ; du moins son bonheur n'est que de l'ambition satisfaite. Quant à Mathilde, délivrée d'un devoir, elle s'interroge le lendemain avec amertume : « Me serais-je trompée, n'aurais-je pas d'amour pour lui ? »

COMMENTAIRE

L'espion invisible

Le romanesque tourne ici au rocambolesque de ce que Stendhal lui-même appelait les « romans de femme de chambre ». Il s'amuse avec les scènes d'**armoire** et les **échelles**, qui poursuivent Julien. Pourtant, si cette visite nocturne à Mathilde rappelle celle à Mme de Rênal (chap. XXX, I), elle se révèle très différente. Il semble que l'intimité soit toujours refusée à Julien et Mathilde. Leurs retrouvailles amoureuses sont en permanence contrariées par la présence ou la **menace d'un tiers** : « Il parlait fort distinctement [...] et de façon à être entendu des personnes qui pouvaient être cachées dans deux grandes armoires d'acajou qu'il n'avait osé visiter. » Julien soupçonne une présence ennemie et reste sur ses gardes au point même que Mathilde en personne devient étrangère : « Mathilde lui serra le bras ; il crut être saisi par un ennemi, et se retourna vivement en tirant un poignard. » J.P. Richard a fort justement remarqué que l'espion est un « personnage qui infecte l'univers stendhalien, qui y empoisonne toute relation sincère ». Le héros

83

est toujours **traqué** ou **regardé**, et la Congrégation est d'abord cet « œil universel » qui est partout et pénètre jusqu'aux secrets des vies par le confessionnal. Avec Mme de Rênal, Julien oublie le monde, avec Mathilde, il n'entend que lui. L'amant se voit même contraint au séjour pénible dans l'armoire dont il s'était d'abord méfié : « Quelle différence, grand Dieu ! avec son dernier séjour de vingt-quatre heures à Verrières ! [...] il se livrait à ces réflexions debout dans l'une des grandes armoires d'acajou où Mathilde l'avait fait entrer aux premiers bruits entendus dans l'appartement voisin... »

CHAPITRE 17 : UNE VIEILLE ÉPÉE

RESUME

Les jours suivants, Mathilde ignore Julien, affiche même à son égard la plus extrême indifférence. Elle est encore mortifiée d'avoir ainsi donné prise sur elle-même. Julien, que cette distance inquiète, ose lui en demander la raison. Leur orgueil froissé engendre une explication fort vive : ils se jurent mutuellement une brouille éternelle. Paradoxalement, la perspective de perdre Mathilde éveille l'amour de Julien. Dès lors, il devient malheureux. Quand elle lui confirme « en pleurant de rage contre elle-même » son horreur de s'être livrée au « premier venu », sa douleur est à son comble. Piqué au vif, il saisit une vieille épée du Moyen Age conservée dans la bibliothèque et veut la tuer. Ce geste frappe Mathilde d'étonnement, elle croit revivre les grandes passions du temps de ses ancêtres. Du coup, sa haine pour Julien s'évanouit. Elle s'enfuit, plus belle que jamais à ses yeux.

CHAPITRE 18 : MOMENTS CRUELS

RESUME

Mathilde reste saisie du geste de Julien, d'autant que sa passion le rendait « bien joli ». Elle renoue avec lui ; ils reprennent au jardin leurs promenades accoutumées ; peu à peu, elle se laisse aller aux plus intimes confidences. Ainsi détaille-

t-elle à Julien ses engouements passés pour M. de Croisenois ou même M. de Caylus. La jalousie de notre héros est
aussi vive que sa passion. Il souffre le martyre en entendant
« le récit des sentiments qu'elle avait éprouvés pour
d'autres ». A bout de force, il la supplie d'avoir pitié de lui,
qui l'aime plus que jamais. Ce mot maladroit fait cesser toute
confidence. « Sûre d'être aimée », Mathilde ne trouve plus
en Julien aucun intérêt : sa vue lui devient même insupportable : elle le méprise tout à fait. Julien, qui a le bon ton de
ne pas se montrer, ne peut détacher sa pensée de Mlle de
La Mole. De son côté, celle-ci épuise vite le charme qu'elle
trouve dans la compagnie des autres jeunes gens.

CHAPITRE 19 : L'OPÉRA-BOUFFE

RESUME

Mathilde regrette Julien. Dans ses rêveries, elle imagine
partager avec lui une vie fulgurante ; elle s'en veut de s'être
fâchée alors qu'il a si manifestement aboli toute prétention
par l'aveu éclatant de sa passion jalouse. Perdue dans ses
réflexions, voilà qu'elle trace au hasard un profil qui est son
portrait. N'est-ce pas la preuve évidente qu'elle l'aime aussi !
Cette révélation la bouleverse : elle ne pense plus qu'à Julien,
même à l'Opéra où un air sublime pénètre son cœur et ne
la quitte plus : « Devo punirmi, se troppo amai. » Elle ne
songe plus qu'à brider sa folle passion en déplaisant à Julien ;
lui, incapable de percer sa conduite, en devient plus malheureux. Persuadé que Mathilde le délaisse à cause de son peu
de mérite, accablé, il pense au suicide.

Mais, alors qu'il se morfond sous la fenêtre de Mlle de La
Mole, c'est « l'éclair de génie » : il décide de remonter à
l'échelle... Mathilde se jette dans ses bras, éperdue d'amour,
entièrement soumise. Elle va jusqu'à couper ses cheveux
pour lui. Le lendemain, au déjeuner, elle multiplie les auda-
ces pour lui manifester son dévouement. Julien est au comble du bonheur. Aussi quel n'est pas son étonnement quand

elle reprend avec lui, le lendemain, des façons seulement polies. Cette fille singulière a décidé entre-temps qu'il ne mérite plus ses « folies » : il n'est plus son « maître », « elle [est] lasse d'aimer ». Julien en reste plus mort que vif.

COMMENTAIRE

Les intrusions d'auteur

Ce chapitre est l'occasion d'une intrusion d'auteur très longue et très particulière. Ce procédé par lequel l'auteur intervient dans la narration en interrompant le fil du récit pour en commenter les données est plus que fréquent chez Stendhal. On peut distinguer **trois sortes d'intrusion d'auteur** : l'intervention de **sympathie** qui sourit du personnage : « Notre héros était... » ou « il ne faut pas trop mal augurer de Julien... ce n'est pas mal à son âge » ; l'intrusion plus généralisante, et plus volontiers **critique** : « comme de tels caractères sont heureusement fort rares » ; enfin l'intrusion **technique**, le plus souvent pour s'excuser d'une ellipse narrative : « Nous passerons sous silence une foule de petites aventures... »

Le roman comme miroir

C'est à cette troisième catégorie que s'apparente celle du chap. XIX. Elle reprend essentiellement l'exergue célèbre du chap. XIII (I) : « Eh, Monsieur, un roman est un miroir qui se promène sur une grande route. » Il ne s'agit pas d'y voir l'aveu de réalisme à l'état brut, qui est un stéréotype de manuel ; l'art du roman chez Stendhal ne se réduit pas au simple enregistrement du réel et à sa seule restitution : rien de plus subjectif et de plus fantasmé que le réel stendhalien. Comparé au réalisme pointilliste et exhaustif d'un Balzac, la manière stendhalienne relève plus de l'esthétique de la suggestion que de la représentation pure et simple. C'est l'art du « petit fait vrai » qui donne à l'écriture son caractère incisif.

Le « réalisme » stendhalien

Stendhal supprime les descriptions ; il se refuse à noyer sa prose dans ce qu'il appelait un plat d'épinards infini. Cette horreur du plat d'épinards (du moins en littérature, puisque dans son assiette Stendhal en raffolait) lui fait noter que « les belles descriptions de Mme Radcliffe ne décrivent rien. C'est le chant d'un matelot qui fait rêver. » Le réel chez Stendhal est donc **déficitaire** ; Julien Gracq a remarqué d'ailleurs que les réalités du temps, l'argent et la promotion sociale, à la différence de Balzac « y sont traitées sur le pur mode du conte de fée ». Quoi qu'on ait pu dire, Stendhal est bien loin d'animer dans son roman une quelconque lutte des classes dont il est insouciant, même s'il désigne, de loin, tous les éléments qui nous permettent de la reconnaître. Certes, à la différence de Rousseau qui se perdait dans le pays de la chimère, Stendhal a voulu **ancrer son roman,** *Chronique de 1830,* **dans la réalité d'une époque**. Mais l'image du miroir promené le long du chemin se comprend moins comme le souci de l'exactitude réaliste que comme un parcours effectué au travers de la société. On met toujours en avant l'image du miroir, peu celle du **chemin**. C'est à une promenade que nous convie Stendhal et M. Bardèche écrit à juste titre que « le lecteur de Balzac devient un habitant de Saumur, il comprend Saumur ; le lecteur de Stendhal n'est qu'un voyageur qui traverse Verrières ».

CHAPITRE 20 : LE VASE DU JAPON

RESUME

Pour bien faire sentir à Julien sa disgrâce, Mathilde se plaît à renouer ostensiblement avec ses anciens admirateurs. Ainsi, au salon, notre ami n'est plus rien : on ne s'aperçoit de lui que pour moquer sa maladresse à quitter un cercle où il est manifestement importun. Mathilde finit par lui signifier, un matin, de la façon la plus cinglante, qu'elle ne l'aime plus. Ne se pardonnant pas à elle-même de s'être donnée à un « petit abbé, fils d'un paysan », elle accable Julien de sarcasmes. Elle savoure avec orgueil sa rupture, elle est enfin de nouveau à elle-même ! Le lendemain, un incident fournira à Julien l'occasion d'une réponse. Il renverse par mégarde une potiche fort laide à laquelle Mme de La Mole tenait beaucoup : « Ce vase, dit-il à Mathilde, est à jamais détruit, ainsi en est-il d'un sentiment qui fut autrefois le maître de mon cœur... » Il eût été trop heureux de dire vrai ; mais son amour pour Mlle de La Mole le tourmente toujours.

RESUME

Le marquis fait appeler Julien et, s'assurant de sa mémoire extraordinaire, lui confie une mission délicate qui doit absolument rester secrète. Il lui faut apprendre par cœur les quatre pages du compte rendu d'une séance à laquelle il assistera comme secrétaire, puis galoper, sous l'habit le plus ordinaire, pour les redire à un personnage fort important dont M. de La Mole tait l'identité. Après s'être accoutré comme il convient, Julien accompagne le marquis. La réunion a tout de la conspiration. Julien ne sait quelle contenance adopter tandis qu'une dizaine de personnes mytérieuses et importantes prennent place autour d'une grande table. L'entrée de l'évêque d'Agde qu'il reconnaît achève de le décontenancer. Son embarras est extrême, mais la séance commence avec l'arrivée du Duc de ✳✳✳. M. de la Mole le présente à l'assistance et Julien fait la preuve de son talent en récitant la première page de *La Quotidienne*. Écarté pendant longtemps, on le rappelle enfin pour enregistrer les interventions de « haute politique » que Stendhal regrette d'exposer, de crainte d'ennuyer le lecteur. Il est question d'assurer définitivement les avantages conjugués du trône, de l'autel et de la noblesse, avec ou sans l'appui des cours étrangères. Le rôle du clergé dans l'affaire y est déterminant. Et cette fois-ci, il ne s'agit plus de se débarrasser d'un tyran — on reconnaîtra Napoléon — mais de l'esprit pernicieux du libéralisme.

Ce n'est qu'à une heure fort avancée de la nuit que M. de La Mole et Julien quittent l'étrange réunion. Le marquis, usant pour la première fois du ton de la prière avec son secrétaire, lui fait promettre le secret. Quelques heures plus tard, après avoir appris et récité plusieurs fois la note que M. de La Mole a rédigée, Julien prend la route. Le soir-même, les dangers se précisent. Au relais, plus de chevaux ; à l'auberge, tandis qu'on le croit assommé par un somnifère, ses bagages sont fouillés par l'abbé Castanède, chef de la police de la Congrégation. Mais il n'est pas reconnu et peut poursuivre sa route. Il parvient enfin jusqu'au grand personnage à qui il rend fidèlement compte de son message, puis gagne Strasbourg, le temps d'attendre la réponse.

COMMENTAIRE

Le point de vue interne

Les deux chapitres XX et XXI font une allusion précise à l'histoire de l'époque : en 1818, une note diplomatique rédigée par les ultras intrigua auprès des cours étrangères pour contraindre Louis XVIII à chasser les ministres libéraux. Pourtant, sous l'angle historique, ces chapitres ne sont pas très explicites. C'est que Stendhal craignait que la politique ne fût ce fameux « coup de pistolet au milieu d'un concert ». C'est pourquoi, par le procédé de la restriction de champ, on ne découvre la tractation des ultras qu'à travers l'œil ingénu de Julien. On a parlé de « **réalisme subjectif** » pour désigner cet art de Stendhal qui préfère, à la vision trop panoramique d'un témoin idéal, une perception de la réalité, fût-elle partielle ou déformée, réfractée par un personnage. Très souvent, **nous découvrons le monde avec Julien**, à son rythme, et notre compréhension des événements n'excède pas toujours la sienne. De sorte que J. Prévost a été fondé à remarquer que la « plus riche substance du *Rouge et le Noir* est faite des pensées de Julien ».

La politique de Stendhal

Si l'ancrage dans l'actualité est pour Stendhal une sorte de discipline qui le protège des nuées trop complaisantes de la rêverie, elle n'a pas d'intérêt en soi. On ne peut pas l'isoler, pour en tirer quelques considérations sur ses idées politiques. La politique ne parasite donc pas le roman ni ne l'interrompt, mais l'imprègne plutôt. Que Stendhal d'ailleurs ait élaboré une pensée politique authentique, on ne peut le contester, mais il est éclairant de remonter aux sources. Dans la *Vie de Henry Brulard*, alors qu'il est question de la mort de la mère, de la haine du père, du prêtre et de Dieu, il trouve là l'origine de son « amour filial, instructif, forcené, pour la République ». Cette politique est donc avant tout **affective**, et chargée d'une dynamique émotionnelle formidable : « Ma famille était des plus aristocrates de la ville, ce qui fit que sur-le-champ, je me sentis républicain enragé. » **La République** s'apparente au royaume de la liberté et, à l'époque de Stendhal, ce royaume, c'est les États-Unis. On sait trop ce que Stendhal pensait de cette **plate république d'épiciers** dont le seul culte est celui du Dieu Dollar. Le vrai royaume de la liberté, à ses yeux, n'existe pas encore, ce qui prouve son irréalité, son **caractère puissamment mythique**. Stendhal ne le rencontrera que dans les livres ou les rêves, dans le mythe des *carbonari* ou des conspirateurs, d'Altamira à Ferrante Palla, qui sont d'abord deux états de rêve et de désir, moins des idées que des images flamboyantes.

Révolution ou révolte ?

Certes, dans *Le Rouge et le Noir*, Stendhal dénonce la médiocrité hautaine et stérile de la Restauration, les privilèges de la noblesse et la toute-puissance odieuse de l'Église. Mais de là à faire de lui un politique averti ! Difficile également de donner au livre (cf. le sens révolutionnaire habituel du rouge) une valeur subversive. **La révolution** n'est vue que sous **l'angle de la tragédie**. Mathilde, et Julien pas davantage, ne voient dans la révolution ni l'affrontement politique ni l'œuvre institutionnelle, mais seulement un **paroxysme de l'émotion**. Si les héros révoltés de Stendhal n'acceptent pas les valeurs de la société, jamais ils ne la défient ouvertement. Si Julien sympathise avec la révolution (il « était amoureux de son conspirateur »), il est plutôt en quête de sa seule liberté et ne lie son sort à personne. Sa vraie libération n'est pas sociale, elle est individuelle parce que surtout intérieure.

CHAPITRE 24 : STRASBOURG

RESUME

L'oisiveté à laquelle il est contraint ramène Julien à son désespoir amoureux. Il ne peut chasser Mathilde de son esprit. Heureusement, il rencontre le prince Korasoff avec lequel il s'était lié à Londres. Cette compagnie le tire de son chagrin. Julien, séduit par l'élégance et les manières du jeune prince, finit par lui conter la cause de sa tristesse. Korasoff lui fait alors quitter son habit sinistre et lui délivre une véritable stratégie de reconquête amoureuse : 1) Affecter une indifférence totale à l'égard de Mathilde. 2) Courtiser en sa présence une autre femme, mais sans passion. 3) Réserver cette passion aux lettres répétées qu'il écrira à la belle. Sur ce, il donne à Julien copie de cinquante-trois lettres d'amour qui sont en sa possession et qui peuvent convenir à la jeune beauté sur laquelle il va jeter son dévolu.

Les vertus du dandysme

Après l'épisode complexe de la mission politique, le séjour strasbourgeois est une pause, rendue nécessaire par l'attente de la réponse à son ambassade. La question amoureuse revient au premier plan. Le prince russe Korasoff vient donc soutenir le désir de Julien. Ce **Don Juan** du XIXe siècle incarne en effet la figure du **séducteur**. C'est à ce titre qu'il livre à Julien, « en kit », une panoplie complète de séducteur avec accessoires : les lettres à recopier ; mais Julien est surtout fasciné par son élégance : « Comme son pantalon va bien, avec quelle élégance sont coupés ses cheveux. » A travers Korasoff, Stendhal définit les principes du dandysme, dont on sait qu'il a été un des aspects de sa personnalité. Dans *Brummel*, ouvrage qu'il consacre au dandysme, Barbey d'Aurevilly reconnaît sa dette stendhalienne et cite Korasoff. Ailleurs, il écrit de Stendhal qu'il avait peint le dandysme en homme qui, « sous les impertinences de l'attitude, en comprenait les profondeurs ». Le dandysme est donc plus qu'un raffinement vestimentaire, c'est **une qualité d'esprit**, mais surtout **un courage à se distinguer** et penser par soi-même indépendamment des opinions reçues. Voilà la parenté possible entre Korasoff et Julien. Korasoff réduit le dandysme à un principe dont il fait l'essentiel de son enseignement auprès de Julien : « Rappelez-vous le grand principe de votre siècle : soyez le contraire de ce à quoi l'on s'attend. » Julien, qui fumera le cigare paisiblement dans la cour du donjon de la prison, pourrait alors se souvenir de Korasoff. **Inverser les valeurs environnantes** et prendre le contre-pied, ce fut déjà l'art de Stendhal soldat lors de la campagne de Russie ; Barbey d'Aurevilly rapporte à son propos : « Quand en Russie, il se rasait, le matin, comme à Paris, dans les horreurs de cette retraite où les hommes — des héros ! — abrutis et démoralisés, tombaient la face dans la neige, la boue et les excréments de toute une armée sans avoir le courage de se relever, il était un diplomate : il faisait de la diplomatie contre le désespoir ! Quand, sur le tard de sa vie, ce mâle portait un corset sur son torse d'Hercule et teignait ses favoris, il faisait de la diplomatie contre la vieillesse. »

CHAPITRES 25 A 29 :
LE MINISTÈRE DE LA VERTU ; L'AMOUR MORAL ;
LES PLUS BELLES PLACES DE L'ÉGLISE ;
MANON LESCAUT ; L'ENNUI

RESUME

« Il le faut, je vais faire la cour à Mme de Fervaques », se dit Julien. Cette belle étrangère, habituée de l'hôtel de La Mole, rougit encore d'être la fille d'un industriel et, pour le faire oublier, cherche à se créer une réputation de vertu. A peine notre ami a-t-il donné au marquis la réponse à la note secrète, qu'il se met en devoir d'exécuter son plan... à la lettre. Il entreprend une cour assidue auprès de la maréchale sans plus s'occuper, en apparence du moins, de Mathilde. Ses lettres, vertueuses à souhait, produisent leur effet : Mme de Fervaques n'est pas insensible au sérieux prometteur que ce jeune abbé manifeste.

Quant à Julien, il est tellement affligé des absurdités grandiloquentes qu'il envoie qu'il ne songe même plus à les comprendre et s'endort parfois en les recopiant. Enfin il reçoit une invitation à dîner chez la maréchale, puis devient un de ses habitués. Le machiavélisme auquel il s'oblige, et qui ne laisse pas d'étonner Mathilde, n'allège en rien son désespoir. Un jour, « victoire de l'ennui », la maréchale se décide à lui répondre. Une correspondance quotidienne s'ensuit que Julien ne se donne même pas la peine de lire. Un matin, Mathilde surprend l'une de ces lettres et fait un éclat avant de s'effondrer, anéantie par sa propre inconvenance. Julien l'aide à s'asseoir tout en s'efforçant de rester impassible. Mlle de La Mole se sent outragée d'être repoussée dans ses avances, et ce par un simple domestique. Dans sa fureur, elle ouvre le tiroir de la table de Julien et découvre avec « horreur » les lettres non décachetées de la maréchale : « Vous, un homme de rien, mépriser madame la maréchale de Fervaques ! » Une telle force brise définitivement son amour-propre : elle se précipite à ses genoux avant de s'évanouir tout à fait. « La voilà donc, cette orgueilleuse, à mes pieds ! »

COMMENTAIRE

« L'épisode Fervaques »

Le personnage de Mme de Fervaques est de ceux qui apparaissent et disparaissent dans le roman au gré de l'évolution du héros. Pendant cinq chapitres, Stendhal nous fait le récit de cette **conquête épisto-laire** qu'entreprend Julien avec une application aussi scrupuleuse que détachée. Quelle peut être la signification de ce que Stendhal appelle lui-même « l'épisode Fervaques » et dont il s'excuse de la longueur et de l'ennui auprès du lecteur ? « Tout l'ennui de cette vie sans intérêt que menait Julien est sans doute partagé par le lecteur. Ce sont là les landes de notre voyage. »

Signification de cette conquête

Mme de Fervaques n'a pas d'intérêt en elle-même. Dessinée de quelques traits comme une femme de haute noblesse et de grande pruderie, elle est une image du monde qui entoure Julien, elle reste essentiellement vue de l'extérieur, figurante de la Restauration, et n'existe dans le roman que comme instrument d'une **reconquête indirecte de Mathilde**. Elle disparaît d'ailleurs quand Julien ne s'intéresse plus à elle. A plusieurs reprises, Stendhal s'amuse de cette surimpression : « Il pouvait entrevoir les yeux de Mathilde sous une aile du chapeau de Mme de Fervaques et il était éloquent. » L'épisode Fervaques n'est donc qu'une variante de la liaison amoureuse avec Mathilde. Mme de Fervaques, malgré sa transparence, s'interpose entre eux et se comprend comme une nouvelle façon de matérialiser l'obstacle qui sépare Julien et Mathilde, auxquels l'intimité totale n'est jamais donnée. Ils semblent en effet ne s'aimer que par modèles ou personnes interposés. Outre qu'il **parodie** malicieusement les séductions par lettres (on pense bien sûr aux *Liaisons dangereuses*), cet épisode prouve de nouveau que l'hypocrisie ne mord pas en profondeur sur Julien. Le grand stratège qu'il se croit (« Il faut que je tienne un journal de siège, autrement j'oublierai mes attaques ») n'est qu'un étourdi. Il semble surtout que Stendhal ait matérialisé **le temps qui passe** et l'**épaisseur de la durée** dans cet épisode. Pour que la grâce des instants de bonheur passés ou à venir se ravive, il faut des plages d'ennui, ce qu'il appelle « ces landes du voyage ». Il est question d'ailleurs de « tout le temps usurpé dans la vie de Julien par l'épisode Fervaques ». Ce que nous comprenons, en perdant un peu notre temps de lecteur, c'est combien Julien perd le sien ; à quel point il **se trompe** en s'obstinant encore dans cette voie dont il importe maintenant de se détourner. C'est aussi l'explication du geste final que prépare, à sa manière, « l'épisode Fervaques ».

CHAPITRE 30 : UNE LOGE AUX BOUFFES

RESUME

Julien cependant s'efforce à la prudence et répond par le silence aux questions indiscrètes de Mathilde sur le degré de sa relation avec Mme de Fervaques. Mais la détresse de cette fille abandonnée et séduisante lui fait presque perdre son sang-froid. « J'ai aussi de l'orgueil », répond-il enfin, tandis qu'il s'applique péniblement à un discours digne de Korasoff et qui n'a d'autre but que de s'assurer définitivement le cœur de Mlle de La Mole. En dépit des gages qu'elle renouvelle de sa totale soumission, il la quitte poliment sans s'engager. Mathilde ne trouve rien à lui reprocher, tant son orgueil est vaincu. Le même soir, Julien ne peut échapper à la maréchale qui l'a invité à l'Opéra. Son cœur est ailleurs. Il y trouve Mathilde, « les yeux brillants de larmes ».

COMMENTAIRE

L'Opéra

Il existe dans l'univers stendhalien, un **espace clos privilégié**, l'intérieur des théâtres lyriques dont la Scala de Milan est le modèle. L'Opéra revient comme **un leitmotiv dans le roman**. Le marquis de La Mole envoie Julien tous les jours à la sortie de l'Opéra pour assister dans le vestibule « à la sortie du beau monde » et se défaire de ses habitudes de provincial. Mais si le spectacle est d'abord dans la salle, il est aussi sur la scène. Mathilde s'extasie, aux Bouffes, sur une maxime d'amour ; Julien va écouter Géronimo chanter à l'opéra italien : « Jamais la musique ne l'avait exalté à ce point. Il était un Dieu » (chap. XIII, II). Le **bonheur** est donc lié à la **musique** (dont on a signalé la valeur pour Stendhal) mais aussi à la topologie du lieu. Grottes, terrasses des donjons, cellules aériennes et cages des observatoires offrent au héros stendhalien un **bonheur intime** et solitaire tout en lui ouvrant de **vastes panoramas à l'horizon** ; de même à l'Opéra, la retraite étroite d'une loge s'ouvre sur la perspective d'une scène et d'une salle qu'on domine sans être vu.

CHAPITRE 31 : LUI FAIRE PEUR

RESUME

Julien rejoint Mathilde dans sa loge et, devant le spectacle de sa détresse, doit s'armer de tout son courage pour ne pas trahir sa propre émotion. Il se tait, mais il est « ivre d'amour et de volupté ». De retour dans sa chambre, il embrasse les lettres d'amour du prince Korasoff. Ne vient-il pas de remporter une bataille ? Mais comment s'assurer de la victoire ? Il se plonge dans les *Mémoires* de Napoléon. Soudain, c'est la révélation : pour subjuguer Mathilde, il doit « lui faire peur ». Cette certitude en tête, et malgré sa passion, il fait en sorte que Mathilde ne soit jamais assurée de son amour, allant même jusqu'à faire passer pour mensonges les tendres aveux qui lui échappent.

CHAPITRE 32 : LE TIGRE

RESUME

Une curieuse relation s'instaure entre eux deux : Mathilde ne cessant de donner les preuves de son dévouement, Julien restant toujours sur ses gardes comme s'il avait vécu avec un « tigre ». Ainsi Mathilde aime-t-elle pour la première fois et, portée par l'orgueil de son caractère, tient à le manifester publiquement au mépris parfois de la prudence. Un jour, elle apprend à Julien qu'elle est enceinte : « Maintenant douterez-vous de moi ? N'est-ce pas une garantie ? Je suis votre épouse à jamais. » Du coup, Julien, qui ne l'a jamais tant aimée, ne se sent plus le droit de la traiter durement. Malgré les réticences de son amant, Mathilde veut écrire à son père pour lui apprendre la vérité : elle aime Julien et ne veut être qu'à lui. Avec lui, elle partira...

CHAPITRE 33 : L'ENFER DE LA FAIBLESSE

RESUME

Dès la réception de la lettre de Mathilde, Julien est immédiatement convoqué par le marquis : « Quoi ! Ma fille ne sera pas duchesse ! » Cette cruelle certitude avive sa colère, il accable d'injures son secrétaire qui n'a d'autres ressources que de resservir Tartuffe : « Je ne suis pas un ange... » Devant le désarroi de M. de La Mole, Julien lui laisse un billet qui l'autorise à le tuer, puis décide de s'en remettre à l'abbé Pirard. Celui-ci se fait l'avocat, auprès du marquis, d'une union désormais nécessaire « aux yeux de Dieu ». Mlle de La Mole, qui ne désarme pas, menace son père de porter publiquement le deuil de son époux si celui-ci vient à mourir. Sa détermination oblige le marquis à ne plus écarter la possibilité d'un mariage avec Julien auquel il concède « dix mille livres de rente ».

CHAPITRE 34 : UN HOMME D'ESPRIT

RESUME

Que sa fille si fière puisse revendiquer comme une gloire de s'appeler Mme Sorel, cela, M. de La Mole ne peut le comprendre. Décidément « il faut renoncer à toute prudence... nous marchons vers le chaos », déplore-t-il. Cependant il ne peut s'arrêter à aucun parti. Le temps passe. Julien, qu'on croit en mission, s'est réfugié chez l'abbé Pirard. Chaque jour ou presque, il reçoit la visite de Mathilde qui lui apprend que son père leur fait don de ses terres du Languedoc. Mais cela ne suffit pas à cette fille déterminée : elle met quasiment le marquis en demeure d'assister à son prochain mariage avec Julien : l'abbé Pirard les unira, puis ils partiront.

Malgré son embarras, M. de La Mole doit trancher. Il adresse à sa fille une lettre sèche et brève : M. le chevalier Julien Sorel de La Vernaye est fait lieutenant de hussards ; il doit rejoindre son régiment à Strasbourg dans les vingt-quatre heures. Mais Mathilde, qui veut arracher le mariage, se heurte de façon imprévue à la volonté catégorique du marquis qui ne saurait donner un quelconque consentement sans s'assurer d'abord des origines et de la personnalité de Julien : « Je ne sais pas encore ce que c'est que votre Julien, et vous-même vous le savez moins que moi. » A l'annonce de sa promotion, Julien éclate de joie : il voit là le couronnement de toute sa vie et la récompense de ses efforts.

COMMENTAIRE

Un possible dénouement ?

Par l'obtention d'un brevet de lieutenant de hussard et l'accès au rang de chevalier de La Vernaye, Julien touche enfin à ce qu'il semble poursuivre depuis son départ de la maison paternelle. Le roman aurait-il pu trouver là sa fin ? Depuis quelques chapitres, l'histoire de Julien réclame un dénouement et le « calcul des possibles », selon Stendhal lui-même, se précise. Plusieurs éventualités pouvaient se réaliser : entre autres, une vie au côté de Fouqué ou bien une cure obtenue grâce à l'abbé Pirard. A Strasbourg, Korasoff lui offre la main d'une de ses cousines, riche héritière de Moscou, et la promesse d'être colonel ; Julien est tenté, mais rejette encore cette autre fin possible : « Je n'épouserai pas les millions que m'offre Korasoff. » En revanche, finir chevalier de La Vernaye, lieutenant de hussards, semble plus conforme au destin de Julien, si l'on ne fait de lui qu'un vulgaire ambitieux. D'ailleurs, ne se méprend-il pas lui-même sur son compte lorsqu'il déclare en apprenant la nouvelle de sa nomination : « Mon roman est fini. » Quel roman ?

La bâtardise de Julien

On serait tenté d'y reconnaître le « roman familial » tel que Freud l'a analysé, selon lequel l'enfant élabore des fables imaginaires pour atté-nuer les blessures que lui inflige son insertion progressive dans le cadre social. Pour combattre ses déceptions diverses, il s'inventerait **la fable de la bâtardise**, figure de l'illégitimité du fils né d'un père inconnu. A plusieurs reprises, la bâtardise de Julien est en effet suggérée : « On le dit fils d'un charpentier de nos montagnes, mais je le croirais plutôt fils naturel de quelque homme riche », écrit Pirard au marquis. Le chevalier de Beauvoisis, le marquis entre autres, font courir ce bruit, que Julien finit par accréditer lui-même : « Je suis une sorte d'enfant trouvé, haï de mon père et de mes frères, et de toute ma famille », pense-t-il parfois.

Le nom du Père

Aussi, la « joie sans bornes » qu'il éprouve à s'appeler Julien de La Vernaye se comprend moins comme la satisfaction naïve de sortir de son humble condition que comme celle — inconsciemment recherchée depuis toujours — de **répudier le nom du Père**. A son arrivée chez M. de Rênal, Julien déclarait curieusement : « On m'appelle Sorel », ce qui n'est pas tout à fait la même chose que : « Je m'appelle Sorel ». Bien plus, ce nouveau nom allège la culpabilité qu'il a de haïr son père : « Serait-il possible que je fusse le fils naturel de quelque grand seigneur exilé dans nos montagnes par le terrible Napoléon ? A chaque instant, cette idée lui semblait moins improbable [...] Ma haine pour mon père serait une preuve. Je ne serais plus un monstre ! » **Le fantasme de l'enfant trouvé** évite donc la culpabilité du meurtre symbolique, sans perdre le bénéfice de la rupture radicale. N'être **fils de personne**, ce fut bien la grande affaire de Stendhal lui-même dont le recours à la **pseudonymie** se comprend aussi comme un assassinat du père. On se souvient du petit Henri Beyle qui, à dix ans, se réjouissait de la mort de Louis XVI comprise comme l'exécution rituelle de la paternité elle-même. C'est pourquoi l'enfant qu'attend Mathilde peut aussi se lire comme une métaphore d'un Julien qui s'engendrerait lui-même, se reprendrait enfin à son commencement pour **régler définitivement toute question d'origine**. Pourtant, cette fin aux allures d'épilogue ne saurait être la bonne. En lui donnant un nom et un uniforme, elle ne l'entoure que des oripeaux de la réussite sociale (Julien dira dans la prison : « J'étais un grand sot à Strasbourg, ma pensée n'allait pas au-delà de mon habit. »). Elle n'accomplit pas son être véritable à la recherche duquel il va se livrer, ignorant encore lui-même sa vérité profonde.

CHAPITRE 35 : UN ORAGE

RESUME

Le lendemain, de grand matin, Julien reçoit des mains de l'abbé Pirard une belle somme d'argent que M. de La Mole lui envoie pour ses frais personnels. Tout est fait par ailleurs pour accréditer la thèse qu'il n'est autre que le fils naturel de quelque grand seigneur exilé en Franche-Comté. Julien commence à y croire lui-même. A Strasbourg, sa prestance, son sang-froid et son adresse aux armes lui valent sans peine la reconnaissance du régiment. Cette position inespérée exalte au plus haut point son ambition.

C'est alors qu'il reçoit un message de Mathilde : « Tout est perdu... accourez le plus vite possible. » Julien se précipite à Paris. Mathilde lui montre une lettre que son père lui a laissée en partant. Jamais le marquis ne consentira à donner sa fille à un ambitieux intrigant. Les renseignements qu'il a obtenus sur son compte sont on ne peut plus clairs ; une lettre de Mme de Rênal est jointe dans laquelle Julien est dépeint comme un séducteur, parfait hypocrite dont « l'unique objet est de parvenir à disposer du maître de la maison et de sa fortune ». Julien quitte Mathilde à l'instant, galope jusqu'à Verrières, se précipite chez l'armurier, puis à l'église : à l'élévation, il tire deux coups de pistolet sur Mme de Rênal.

COMMENTAIRE

Le coup de théâtre

Au moment où Julien est parvenu au faîte de la fortune, l'action rebondit spectaculairement. En quelques lignes, l'acte meurtrier est commis irrémédiablement. Le crime a déconcerté, voire indigné certains critiques. On regrette un dénouement « bien bizarre et en vérité, un peu plus faux qu'il n'est permis ». On s'étonne que Julien perde ainsi la tête, lui « l'impeccable ambitieux, l'homme de sang-froid effrayant et de volonté imperturbable ». Mais ne s'est-on pas trompé sur Julien comme Julien s'est trompé sur lui-même ? D'autres ont pensé que Stendhal avait voulu rester fidèle au canevas historique, que sa source (l'affaire Berthet) lui avait fourni, au détriment de la vraisemblance psychologique. Pour certains, Julien deviendrait fou ; on a même parlé « d'hypnose » ou d'état second. C'est mal comprendre la logique profonde du geste. La tentative de meurtre sur Mme de Rênal ne s'explique sûrement pas par la seule fureur de l'ambitieux qui voit son ascension sociale menacée, sinon compromise ; elle ne relève pas de l'acte cynique du parfait arriviste. On respire après tant de conjectures à lire une interprétation comme celle de Ph. Berthier, qui nous ramène à plus de cohérence : « Il a tué celle qu'il aimait *parce qu'il l'aimait*, banalement. »

Signification profonde de cet acte

Si l'on se fie aux apparences, Mme de Rênal, en envoyant cette lettre, passe pour une femme vindicative ; Julien, en tirant sur elle, se venge aussi. Dénoncé comme intrigant, il se comporte comme tel. Or ce point de vue le plus immédiat est aussi le plus superficiel. Ni l'un ni l'autre ne songent ici à se venger ; curieusement ce regard faux porté sur eux les rapproche dans **une vérité plus intime** et **commune**, à savoir qu'ils sont **l'un pour l'autre**. Cette scène va justement le leur révéler parce qu'elle récapitule symboliquement le roman : on le parcourt ainsi à l'envers puisqu'on « dégringole » de Strasbourg à Paris et de Paris à Verrières ; on épuise le Rouge (l'armurier, les coups de feu) puis le Noir (le confesseur, l'église) pour se débarrasser définitivement d'eux ; ainsi Mme de Rênal et Julien se retrouvent-ils dans la vérité de leur être ; ils se rendent mutuellement ce service et qui plus est sans le savoir vraiment. Mme de Rênal, par sa lettre, permet à Julien de se défaire de sa fausse identité de chevalier de La Vernaye, épris de gloire ; par ses coups de feu, Julien permet à Mme de Rênal de s'affranchir des tutelles conjuguées de la morale et de la religion ; l'un et l'autre **se défont de leur être social** — de leur **masque** en quelque sorte. Ils ne seront plus « pour les autres », mais pour eux. Aussi comprend-on que leurs retrouvailles en prison s'accompagnent d'une telle explosion de bonheur : elle n'est que la confirmation d'un rapprochement implicite et fondamental qui s'est déjà opéré, d'**une conversion**. En ce sens, les deux coups de feu de Verrières annoncent un lever de rideau d'autant que cette messe fatale est elle-même précédée des « trois coups ». Stendhal se demandait comment finir : il finit par un commencement.

CHAPITRE 36 : DÉTAILS TRISTES

RESUME

Dans l'affolement général, deux gendarmes s'emparent de Julien ; il est jeté en prison. Mme de Rênal dont les jours ne sont pas en danger regrette de n'être pas morte. Malheureuse depuis le départ de Julien, elle ne se pardonne pas la lettre que son confesseur l'a contrainte d'envoyer à M. de La Mole. Elle achète immédiatement la bienveillance du geôlier Noiroud. Quant à notre héros, il reconnaît tout à fait son crime devant le juge venu l'interroger. Puis il écrit à Mathilde, l'engageant à se taire absolument sur cette « catastrophe » et lui enjoignant même d'épouser plus tard M. de Croisenois. Enfin libre de songer à lui-même, Julien pense à la mort sans crainte ni remords. Quand le geôlier lui apprend que Mme de Rênal est sauve, il en éprouve un soulagement qui va jusqu'aux larmes. Le surlendemain, il est conduit à Besançon ; on l'enferme dans un donjon d'où il bénéficie d'« une échappée de vue superbe ». Profondément calme et dépourvu enfin de toute ambition, ses pensées vont à Mme de Rênal et au bonheur qu'il connut, sans s'en douter, à Vergy.

CHAPITRE 37 : UN DONJON

RESUME

Julien reçoit coup sur coup la visite du vieux curé Chélan et de son ami Fouqué. Si la triste apathie du vénérable vieillard le plonge dans un abattement profond, la générosité du marchand de bois prêt à vendre tout son bien pour favoriser son évasion le retrempe tout à fait. Aux interrogatoires qui se succèdent, Julien répond invariablement qu'il est coupable. Cependant, dans Besançon, quelqu'un est intrigué par le comportement inexplicable de notre ami, c'est l'abbé de Frilair qui se promet bien de savoir « le fin de cette affaire ». N'y aurait-il pas là occasion de s'arranger enfin avec M. de La Mole dont le faible pour le fils Sorel est évident, à preuve cette mystérieuse naissance qu'il tente de faire accroire ?

Le bonheur en prison

La prison est paradoxalement un lieu de bonheur chez Stendhal : dans sa « jolie chambre » avec vue à « cent quatre-vingts marches d'élévation », Julien se retrouve face à l'essentiel ; cette **retraite** qui le sépare du monde lui procure une solitude qu'il aime profondément : « La vie m'est agréable ; ce séjour est tranquille, je n'y ai point d'ennuyeux. » Mais son état de détachement vis-à-vis du monde va être menacé par **les visites** qui se succèdent.

Les visites

En cortège, tous les personnages importants du roman réapparaissent selon un ordre significatif. Chélan et Fouqué d'abord, puis Mathilde vont constituer l'ensemble de ceux dont Julien, en définitive, se détache. Ensuite viennent la visite du père, redoutée mais inévitable, puis celle, essentiellement attendue, de Mme de Rênal. Dès son arrivée en prison, de visite en visite, Julien progresse sur le chemin de sa vérité.

Le vieil abbé Chélan

Avec l'abbé Chélan, s'affermit une première certitude ; expression tragique du vieillissement, incarnation de l'anéantissement et de l'humiliation sous les ravages du temps, Chélan donne non seulement à voir concrètement la mort, mais il offre l'image de ce que Julien ne peut devenir : « Une mort rapide et à la fleur des ans me met précisément à l'abri de cette triste décrépitude. » Julien comprend que **mourir jeune** n'est pas un drame : « Ceux qui meurent jeunes sont aimés des Dieux. » Une telle mort sauve de la destruction du temps qui dégrade et qui sépare. Elle n'a rien de l'âpreté des agonies qu'on trouve chez Flaubert ou Balzac. Prématurée, elle est donc un défi jeté au temps, conçu comme durée, au profit de l'instant, dans lequel seul peut s'inscrire le bonheur. Car il y va bien du bonheur pour Julien, dont Stendhal écrit : « Suivant moi, ce fut une belle plante », métaphore qu'il utilisera aussi pour le bonheur : « cette plante si délicate qu'on appelle le bonheur ». Il importe de ne pas la laisser se faner et sa seule raison d'être est cet épanouissement mystérieux et fragile qui ressemble moins à une défaite qu'à un accomplissement. Voilà ce que vient dire, au fond, Chélan à Julien.

CHAPITRE 38 : UN HOMME PUISSANT

RESUME

Julien reçoit à sa grande surprise la visite de Mathilde déguisée en paysanne. Venue à Besançon sous une fausse identité, elle remue depuis lors ciel et terre pour parvenir jusqu'à lui et le sauver de la mort. Il cède au charme de sa beauté comme à la noblesse de sa conduite. Mathilde, qui lui trouve la force de caractère de son glorieux ancêtre, Boniface de La Mole, est subjuguée par son héroïsme. Elle est convaincue qu'elle ne pourra rien pour lui si elle ne s'entend pas avec le grand vicaire dont tout dépend.

Redoutant fort la scélératesse du personnage, elle se rend à l'audience accordée. Elle devine vite, sous la fausse bonhomie du prêtre, l'ambitieux avide à qui la mitre ne déplairait point. Elle joue alors franc-jeu, dévoile son identité, fait miroiter ses relations, prononce les noms de la célèbre maréchale de Fervaques et de son oncle tout-puissant par qui l'on est évêque en France. Le grand vicaire trop ému avoue imprudemment que toute sentence est entre ses mains. Mais il reprend l'avantage sur Mathilde en lui révélant l'ancienne passion de Julien pour Mme de Rênal. Comment, selon lui, expliquer son crime autrement que par la jalousie ? La douleur de Mlle de La Mole, à laquelle il prend plaisir, indique clairement à l'abbé le moyen de faire plier cette jolie femme.

CHAPITRE 39 : L'INTRIGUE

RESUME

En sortant de l'évêché, Mathilde se résout, en dépit de sa jalousie, à écrire à Mme de Fervaques pour demander son aide. Elle déploie une activité inlassable afin de sauver Julien, lequel ignore toutes ses « folies ». Il se reproche même d'éprouver une sorte de « malaise » devant un tel déploiement d'héroïsme : tant de générosité démonstrative le laisse froid, il eût préféré une « tendresse simple [et] naïve ».

Étonné d'être sans passion pour Mathilde qu'il adorait

103

encore il y a deux mois, il découvre la place qu'occupe désormais dans son cœur Mme de Rênal ; son image le poursuit, ainsi que celle des « journées heureuses » de Verrières et de Vergy. Mathilde qui le devine en conçoit une jalousie qui décuple sa passion. Toute vibrante de la folie de ses ancêtres, elle se jure de ne pas survivre à Julien. Mais lui l'exhorte à vivre et à épouser, après sa mort, le marquis de Croisenois qu'elle conduira aux plus hautes destinées grâce à son génie digne des héroïnes de la Fronde.

CHAPITRE 40 : LA TRANQUILLITÉ

RESUME

Julien se soumet désagréablement à la procédure qui suit son cours ; à l'avocat chargé de sa défense il répète pour abréger qu'il y a eu meurtre avec préméditation. Mathilde et Fouqué l'importunent même lorsqu'ils veulent le tenir au courant de l'opinion : « Laissez-moi ma vie idéale. Que m'importent les autres ? » De plus en plus détaché de la vie depuis qu'elle lui est désormais comptée, Julien se réfugie dans « le pays des idées ». Cependant, les intrigues de Mathilde aboutissent : devant la promesse d'un évêché, l'abbé de Frilair se fait fort d'obtenir un verdict favorable. De son côté, Mme de Rênal, désobéissant à son mari et à son confesseur, arrive à Besançon ; elle écrit à chaque juré pour plaider la cause de Julien : les accès d'étrange folie de ce jeune homme ne doivent point faire oublier son mérite ; ils auraient mauvaise grâce à le condamner quand la victime elle-même implore leur clémence.

CHAPITRE 41 : LE JUGEMENT

RESUME

Enfin le jour du procès arrive. Besançon est en effervescence. Mathilde a porté la veille au grand vicaire une lettre qui demande l'acquittement de Julien : elle est écrite de la main même de Monseigneur*** de qui dépend la nomination de l'abbé de Frilair. Celui-ci renouvelle à Mathilde son assurance quant à la décision des jurés : le baron de Valenod qui lui doit tout saura faire appliquer sa consigne. S'imaginant que sa réussite éclatante lui vaudrait l'animosité générale, Julien est surpris de l'accueil favorable que lui fait la foule et plus encore des remarques flatteuses que lui valent sa pâleur et sa jeunesse de la part des nombreuses et jolies femmes qui se pressent au tribunal. La meilleure société de Besançon est là ; on lui signale Mme Derville. Le réquisitoire excessif de l'avocat général ne fait que renforcer la bonne disposition du public à son égard ; l'émotion est générale quand son défenseur achève de parler. Personne ne quitte la salle malgré l'heure tardive.

Alors Julien, qui s'était promis de ne rien dire, apostrophe les jurés, confirme la préméditation de son acte, proclame que son crime mérite la mort : on lui reproche moins d'avoir tiré sur une femme qu'il respecte infiniment que de s'être « révolté contre la bassesse de sa fortune... [et d'avoir eu] l'audace de se mêler à ce que l'orgueil des gens riches appelle la société ». Ses paroles finissent d'attendrir le public. Il est deux heures du matin quand le baron de Valenod rend compte de la délibération des jurés. D'un air faussement navré, il confirme la culpabilité entière de Julien. Celui-ci accueille sa sentence de mort avec beaucoup de sang-froid, ce qui n'est pas le cas de l'assistance et plus particulièrement de Mathilde qui s'y était dissimulée.

COMMENTAIRE

Le procès

Le détachement de Julien face à la mort explique sa sérénité. Il admire même l'élégance architecturale de la salle du jugement. Tout ce qui tient à son procès l'ennuie. En désespérant juges et défenseurs, il refuse énergiquement de faire le jeu de la justice, et par conséquent de la société. Il consent fermement à sa perte : auprès de son avocat, il n'a qu'une exigence : « Pas de phrases ! », ni d'« emphase pillée à Bossuet ». Il ne veut pas parler lui-même, puis, de façon imprévue, prend la parole.

La fin des modèles

Dernier effet de cette ardeur contenue qui le caractérise, cet acte signe aussi la liberté nouvelle qui est désormais la sienne. « **J'improvisais**, et pour la première fois de ma vie. » Affranchi des discours d'autrui et des modèles qui le constituaient, enfin il **parle vrai**. Il impressionne encore son public, mais cette fois sans réciter par cœur les lectures qui servaient sa virtuosité et l'imposaient (*Du Pape* de J. de Maistre et surtout le *Nouveau Testament*). Même les livres qui nourrissaient sa vraie sensibilité (les *Confessions,* le *Mémorial*) s'estompent ; la figure de Napoléon n'est plus un recours, ce héros dont il découvre le « charlatanisme » est démythifié. Coïncidence étonnante, titres et épigraphes disparaissent définitivement après ce chapitre, comme si le roman aussi se délestait de tous les langages extérieurs ou d'emprunt.

L'ultime plaidoyer

Nouvelle dans sa forme, cette parole l'est aussi dans son contenu. Ce plaidoyer est un cri d'orgueil et de révolte, **une protestation de classe,** exacerbée par la présence de Valenod dans le jury. Ce passage donne de quoi nourrir une interprétation « rougiste » du roman. Julien Gracq adolescent apprécia d'ailleurs cette « âpre et volontaire construction du *Rouge*, toute pleine à craquer d'énergie ouvrière ». Mais on entend deux voix dans ce plaidoyer. Si Bardèche note bien que « c'est un jeune militant anarchiste qui porte sa tête à l'échafaud », il ajoute aussi que c'est **un tendre qui s'exprime**. Julien s'est trompé en se croyant ambitieux. Ses paroles sont pleines de Mme de Rênal. Il n'est porteur d'aucun projet politique et n'a donc de révolutionnaire que **le refus**. En définitive sa première parole authentique est aussi la dernière. La voix de la vérité rejoint la voie de la mort.

CHAPITRE 42

RESUME

De retour du tribunal, Julien est conduit au cachot des condamnés à mort. Seul, il s'interroge sur ce qui l'attend, sur ce Dieu terrible que la Bible dépeint dans toute sa cruauté. Quelle pitié aura-t-il de lui ? Et notre héros de s'attarder encore sur ce qu'il eût pu devenir. Mais la réalité de sa mort prochaine lui fait mesurer la vanité de ses rêveries... Le lendemain, il est réveillé par Mathilde : la douleur la rend méconnaissable et sa fureur contre l'abbé de Frilair qui l'a trahie l'empêche de pleurer. Julien affecte devant elle des airs de grandeur, refuse de faire appel, ce qui a le don d'exaspérer la passion farouche de cette fille et sa colère. Insensible à ces débordements, Julien est ailleurs : il imagine avec émotion la douleur de Mme de Rênal quand elle lira dans le journal le récit de son exécution... L'avocat que Mathilde a amené intervient mais sans plus de succès. Leur départ soulage notre prisonnier.

CHAPITRE 43

RESUME

Une heure après, Julien est à nouveau tiré de son sommeil. C'est Mme de Rênal, qu'il trouve pleurant à son chevet. Elle vient le supplier de faire appel. Bouleversé, il implore son pardon. Dans les bras l'un de l'autre et pleurant d'émotion, ils sont tout à leur amour. « Jamais je n'ai été aussi heureux », ne cesse de répéter Julien à cette femme qui l'adore. La perspective de la voir chaque jour pendant deux mois le décide à appeler de sa sentence. Mais Mme de Rênal doit retourner à Verrières : son mari, qui a été informé des visites qu'elle fait, lui a intimé l'ordre de revenir immédiatement. Un intrigant de prêtre s'est mis en tête d'obtenir le salut de notre héros. Il fait le siège de la prison et, « jouant au martyr », ameute sous la pluie la population par ses prières prétendument inspirées. Cette manifestation scandalise Julien qui ne peut y mettre fin qu'en recevant l'hypocrite. Il s'en débarrasse en l'envoyant dire une messe pour lui.

COMMENTAIRE

L'anticléricalisme stendhalien

Parmi les visites qui gâtent la solitude de Julien, il y a celle du prêtre confesseur qui aiguise sa **haine contre la plupart des représentants de Dieu**. L'éducation bienveillante du bon grand-père Gagnon, adepte des Lumières, a fait de Stendhal un fils spirituel du XVIIIe siècle. Son anticléricalisme est bruyant et extérieur ; l'ennemi, c'est le « parti prêtre ». Sa haine est d'autant plus vive que cet anticléricalisme idéologique se renforce de motivations très affectives. A l'enterrement de sa mère, le prêtre est perçu symboliquement comme celui qui vient la lui enlever. Il aggrave son cas en prodiguant une bien piètre consolation : « Mon ami, ceci vient de Dieu » (*Vie de Henry Brulard*, chap. 4). Associer Dieu à ce drame ne fut guère heureux pour Stendhal : « Je me suis mis à dire du mal de God. » A cela s'ajoute le souvenir de « la tyrannie Raillane », précepteur sévère que lui impose son père : « M. l'abbé Raillane fut dans toute l'étendue du mot un noir coquin |...| il était petit, maigre, très pincé, le teint vert, l'œil faux avec un sourire abominable » (*idem,* chap.6). L'irréligion de Stendhal s'alimente donc de cet **anticléricalisme originaire**, cependant atténué par deux figures importantes et très positives du roman : Chélan et Pirard.

Les nuances de l'anticléricalisme

A Besançon, l'abbé Pirard se sépare de Julien sur une prière dont les accents de vérité vont bien au-delà de la simple formule : « N'aie recours qu'à Dieu, qui t'a donné, pour te punir de ta présomption, cette nécessité d'être haï... Si tu tiens à la vérité d'une étreinte invincible, tôt ou tard tes ennemis seront confondus. Il y avait si longtemps que Julien n'avait entendu une voix amie. » Mme de Rênal est aussi un de ces personnages par lesquels se tempère l'anticléricalisme de Stendhal. Quand Julien apprend qu'elle n'est pas morte : « Dans ce moment suprême, il était croyant. Qu'importent les hypocrisies des prêtres ? peuvent-elles ôter quelque chose à la vérité et à la sublimité de l'idée de Dieu ? » Il n'est donc pas indifférent à cette question. La mort pour lui n'est pas un terme, elle donne la clé de l'énigme : « Je saurai à quoi m'en tenir sur le *grand peut-être.* »

La haine de Dieu le Père

Mais sa relation à Dieu souffre bien évidemment d'une autre relation conflictuelle et maléfique, vécue comme destructrice du moi : celle avec son père dont la visite en prison l'amène encore à déplorer la sécheresse : « Voilà donc l'amour de père ! » C'est pourquoi il tient tant à **dissocier le Dieu de la Bible** et des chrétiens, figure de Père puissant et terrible, d'un autre qui serait **celui des âmes tendres**, celui de Fénelon, une sorte d'entité déiste à la Rousseau, aux qualités plutôt féminines et maternelles. Et si ce Dieu-là existait ? Dans son désir, Julien le rêve comme instance bénéfique, créatrice du moi, instaurant contre l'isolement métaphysique une communication et une compréhension à la fois fondamentales et universelles. Ses élans affectifs ont une résonance presque mystique. Son inquiétude métaphysique est celle d'un être complexe, non d'un athée sans faille. Mais à la différence de Fabrice qui s'abandonne, Julien ne se départit jamais, dans le sentiment religieux, d'une certaine retenue. Il en reste seulement à l'intuition qu'il n'y a d'autres valeurs au monde que les valeurs de tendresse. Stendhal lui-même partage cette conviction, seule capable d'apaiser l'âme exigeante, solitaire, douloureuse de l'homme. Chez lui, **pas de système religieux**, encore moins de sympathie pour la société religieuse, mais une certaine forme d'exigence spirituelle.

CHAPITRE 44

RESUME

Après le départ du prêtre, Julien connaît un moment de faiblesse : il « pleure de devoir mourir ». Songeant à Mme de Rênal et à la consolation qu'il trouverait auprès d'elle, il est contrarié par la visite de Mathilde, qui, jalouse, fond en larmes. Puis c'est Fouqué qu'il congédie. Seule l'idée que sa faiblesse n'est vue de personne le sauve de l'accablement complet. Le lendemain survient l'événement redouté depuis longtemps : la rencontre avec son père. Aux reproches sévères du vieillard, Julien se met à pleurer. Honteux d'une faiblesse qui l'amoindrira aux yeux de tout Verrières quand cet homme s'en fera l'écho, il trouve subitement le moyen de donner le change : il parle d'économies et flatte sa cupidité.

Après son départ, le geôlier lui apporte du champagne qu'il boit en compagnie de deux « scélérats fort gais » qui content leur histoire. Ce récit plonge Julien dans une mélancolie profonde. Quelle différence au fond entre ces coquins et les honnêtes gens qui peuplent les salons ?

Les jours passent. Julien reçoit Mathilde avec douceur. Cependant le départ de Mme de Rênal l'a miné. Son esprit s'enfièvre de réflexions terribles sur la vérité, la religion trahie par les prêtres intrigants, Dieu, l'éternité, la vie, la mort. En fait, il ne cesse de déplorer l'absence de celle qu'il aime.

COMMENTAIRE

Le retour du Père

« Le hasard nous a placés l'un près de l'autre sur la terre [...] et nous nous sommes fait à peu près tout le mal possible. Il vient au moment de ma mort me donner le dernier coup. » Cette visite du père, tant redoutée et tant différée, arrive enfin, de sorte que le roman se ferme comme il s'ouvre, sur **une scène de violence paternelle.** La position clé de la scène tend à prouver l'importance du Père comme symbole de l'ordre social. Aussi, après avoir réglé ses comptes avec la société, il lui reste à les régler aussi avec son père dans tous les sens du mot puisque c'est d'**argent** — au centime près — qu'il est question dans leur entretien. En sa présence, pas de rémission de l'ordre de l'avoir : la mort est la seule façon d'y échapper. Altamira n'inspirait-il pas déjà à Mathilde l'idée que « la condamnation à mort est la seule chose qui ne s'achète pas » ? Par sa mort Julien se sauve. Sa naissance ignoble s'écoule avec son sang. S'il consent à sa perte, c'est qu'il préfère **mourir pour être.** En donnant de façon très symbolique tout son argent à son père et à ses frères, il se débarrasse de ce qui le liait à l'idéologie dominante du charpentier, de Verrières, de l'époque.

En marche vers l'unité intérieure

Ainsi Julien résout-il la violente dualité inscrite au cœur de son être : il s'est trompé sur lui-même, s'est cru ambitieux, a revêtu le masque d'hypocrite parce qu'il avait intégré en lui la loi du Père. Dans sa prison, il prend conscience que « l'homme a deux êtres en lui ». **L'ambitieux avait étouffé le sentimental.** C'est pourquoi il n'a jamais eu la grâce de Fabrice. Un génie destructeur l'habitait qui lui donnait cet étrange « air méchant », « hideux », « terrible », « féroce » et qui n'était pas sans terrifier Mathilde ou Mme de Rênal. Même le marquis, père de substitution possible de Julien et qui lui voue une affection presque paternelle, s'effraie de cet autre qu'il voit en lui : « L'on ne peut refuser à Julien une singulière aptitude aux affaires, de la hardiesse, peut-être même du brillant, se disait le marquis, mais au fond de son caractère, je trouve quelque chose d'effrayant. » On pourrait reconnaître dans ce « quelque chose d'effrayant », la **marque originelle du Père,** qui l'empêche à jamais de changer d'identité et de devenir Chevalier de La Vernaye. Ce pseudonyme n'était qu'un reniement de surface.

Consentir à être soi

Désormais, Julien ne s'imagine plus être le fils de quelqu'un d'autre. Son roman familial est terminé. Ni enfant trouvé ni bâtard, il **accepte d'être Sorel fils** parce que la mort va l'affranchir de cette paternité irrévocable. En ordonnant à Mathilde de ne jamais parler de lui à son enfant (dont on n'imagine pas qu'il soit autre qu'un fils), il le libère de tout le poids de la paternité. C'est à ce seul prix que le bonheur est possible. Dans la progression vers le dénouement, cet avant-dernier chapitre est essentiel. On sait que nombre des œuvres de Stendhal resteront inachevées (cf. *Lucien Leuwen*) : la fin est donc chez lui lourde de signification. Si le dénouement événementiel ne fait plus de difficultés, se prépare ici le dénouement intérieur : se délient enfin les conflits d'un être très fortement « noué » et différent en cela de Fabrice. **Libéré du Père** et de tout ce qu'il représente ou incarne, Julien, en compagnie de Mme de Rênal, est **rendu au plaisir de l'instant,** dans le souvenir ému de Vergy où l'on chassait les papillons, ou de Verrières où l'on s'amusait d'un lapin : deux rares épisodes d'harmonie heureuse et familiale, mais vécus loin du Père.

CHAPITRE 45

RESUME

Par décence, Julien accepte pour confesseur un ami de l'abbé Pirard. Le retour de Mme de Rênal à qui il confie sans pudeur ses faiblesses lui redonne le bonheur. Celle-ci vient le voir deux fois par jour. Ce qui porte la jalousie de Mathilde « jusqu'à l'égarement ». Sa passion toujours plus forte ne s'exprime plus que par des scènes horribles qu'elle répète chaque jour. Il apprend de sa bouche la mort du marquis de Croisenois, tué en duel pour avoir voulu défendre l'honneur de Mlle de La Mole. Quant à Mathilde, l'impossibilité de reconquérir son amant infidèle l'anéantit presque. Julien, en effet, est tout à Mme de Rênal. « Je serais mort sans connaître le bonheur, si vous n'étiez venue me voir dans cette prison », lui assure-t-il.

Cependant une démarche de son confesseur vient troubler la félicité de notre héros. Gagné à son insu par les Jésuites, ce prêtre se fait fort d'obtenir la grâce de Julien en échange de sa conversion, dont l'énorme retentissement serait « fort utile » à la religion. Puis c'est Mme de Rênal qu'il lui faut dissuader d'aller se jeter aux pieds du roi.

Quand le jour de sa mort arrive, Julien est frappé par le soleil qu'il fait ; le grand air qu'il respire avec plaisir lui redonne courage. Il se rend calmement à son exécution : « Tout se passa simplement, convenablement et... sans aucune affectation. » Mme de Rênal et Mathilde n'y assistent pas, éloignées sur les recommandations de Julien par Fouqué à qui il confie son désir d'être enterré dans la petite grotte qui domine Verrières. A sa grande surprise, cet ami voit arriver Mathilde qui réclame le corps de Julien qu'elle suivra de nuit jusqu'à son tombeau, portant la tête de son amant sur ses genoux. Elle organise une cérémonie funèbre grandiose et fait orner la grotte de marbre d'Italie. Quant à Mme de Rênal, « fidèle à sa promesse, elle ne chercha en aucune manière à attenter à sa vie ; mais trois jours après Julien, elle mourut en embrassant ses enfants ».

COMMENTAIRE

Le bonheur dans la vérité de soi

Le dernier chapitre marque donc l'accomplissement de Julien. Dans le règne de l'authentique, tout lui apparaît dans une lumière nouvelle. Libéré des projets, il peut **jouir du temps**. Il se croyait ambitieux, il se découvre tendre. Il cherchait la fortune, mais aimait le bonheur de Clarens, celui d'une retraite rousseauiste à l'écart des hommes, où l'on peut **jeter enfin le masque et être soi-même** en toute confiance. La prison aujourd'hui et la mort demain sont sans importance. Seul compte l'instant. Voilà la révélation que lui apporte Mme de Rênal. Être enfermé pour être libre, c'est le paradoxe de la prison heureuse chez Stendhal. Bardèche dit justement que les héros stendhaliens, quand ils livrent enfin leur secret, « se déplient » sous l'influence du bonheur. Julien connaît une nouvelle naissance : s'il s'évanouit, puis s'endort profondément après la tentative de meurtre, c'est effectivement pour mieux

« revenir » à lui, c'est-à-dire à cette vérité endormie jusque-là dans son être et qui s'éveille enfin. Parce que tendu vers le futur, Julien fut empêché de jouir des moments sensibles, et s'il les goûtait, c'était pour se les reprocher comme des moments de faiblesse, moments prémonitoires en tout cas qui annoncent la métamorphose finale. La mort paradoxalement fait de lui un être détendu, simple, heureux, susceptible, comme à Vergy, de se régaler du seul bonheur d'exister.

La mort du héros

La mort du héros n'est donc pas tragique. J.P. Richard note que les héros stendhaliens « meurent moins qu'ils ne glissent hors de la vie ». Leur fin n'est pas effrayante, elle les transfigure, et marque une **sorte de détachement absolu** et d'envol définitif. On a parfois dit que Stendhal donnait congé à ses personnages, et Prévost parlait d'« euthanasie littéraire ».

Incompréhension de Mathilde

Mathilde, elle, toujours dans son fantasme, est tenue à l'écart de la prison heureuse malgré ses efforts ; paradoxalement, c'est elle qui est prisonnière d'une logique dont elle ne sort pas. Ce n'est toujours pas Julien qu'elle aime : « Boniface de La Mole lui semblait ressuscité mais plus héroïque. » Il faut « toujours l'idée d'un public et des autres » note Julien, « fatigué d'héroïsme ». La rhétorique théâtrale qui entoure ses obsèques, cette **mise en scène macabre** qui ressemble à un final d'opéra, avec force démonstrations (elle jette des pièces et fait poser des marbres prétentieux dans la grotte sauvage qui aurait aimé le rester), montre bien qu'elle n'a ni admis ni compris la métamorphose de Julien. Mme de Rênal suit Julien (le rejoint ?) et meurt en quelques lignes, conforme à elle-même, c'est-à-dire en embrassant ses enfants. Mathilde demeure seule en vie, séparée.

L'aboutissement d'une quête

D'après cet épilogue, on comprend mieux l'épigraphe de Danton sous laquelle se place le roman : « La vérité, l'âpre vérité.» Loin d'être un mot d'ordre réaliste, visant seulement la vérité historique ou la vraisemblance psychologique, cette phrase est plus essentiellement un appel à **la vérité de soi**. Dans toute son œuvre, Stendhal fut en quête de cette vérité, qui se confond pour lui avec la chasse au bonheur, dont le roman matérialise à la fois les obstacles et leur abolition.

Synthèse littéraire

L'HYPOCRISIE OU LE MASQUE ?
L'ÊTRE CONTRE LE PARAÎTRE

Une tradition scolaire a fait de Julien Sorel le modèle de l'ambitieux et de l'hypocrite. On l'a même comparé à Tartuffe dont il connaît en effet le rôle par cœur. Mais est-ce bien comprendre le personnage ?

Les difficultés de l'hypocrisie

L'hypocrisie est une discipline à laquelle il se livre en effet, sans avoir beaucoup de dispositions. « Julien réussissait peu dans ses essais d'hypocrisie de gestes ; il tomba dans des moments de dégoût et même de découragement complet. » Au séminaire, les efforts qu'elle requiert en font de véritables travaux d'Hercule. Quelle que soit son application, Julien oublie son rôle et le naturel rejaillit souvent. Au repas de Valenod où triomphe le discours jésuite, entendant le chant d'un prisonnier, « il avait les manières mais non pas encore le cœur de son état. Malgré toute l'hypocrisie si souvent exercée, il sentit une grosse larme couler le long de sa joue ». Julien **ne s'identifie donc jamais totalement au jeu social auquel il se livre** et n'utilise l'hypocrisie (« cet horrible mot ») que comme **une arme**. Elle ne relève donc pas de sa nature, mais des contraintes de la vie. Le premier mouvement du personnage est le plus souvent irraisonné et l'autopunition du bras dit autant la violence de sa passion que la volonté de la maîtriser.

L'authenticité

L'hypocrisie ne mord jamais sur sa vie profonde qui reste intacte ; il glisse dans ses rôles sans se laisser entamer par eux, de sorte qu'il peut les oublier à loisir. « Il oubliait son triste rôle de plébéien révolté. » D'ailleurs Stendhal indique clairement que cette hypocrisie cache **une sincérité première**. « Notre héros [...] se croyait un hypocrite consommé. » C'est que cette arme, plus qu'un moyen pour pénétrer la société, est une façon de la refuser, « la seule forme moderne d'insoumission » selon J.P. Richard.

La nécessité du masque

Il s'agit moins de savoir si Julien est hypocrite que de comprendre qu'il a besoin d'un masque parce qu'il est vulnérable, ce qui est très différent. La fragilité des héros stendhaliens, ces « cœurs de fabrique trop fine », leur impose en effet de vivre masqués, dans un monde où règne le mensonge et qui est perçu comme lieu de facticité, de distance et de séparation pour les amants. Tout le personnage de Julien est là. La prison prend alors son sens : lieu de réclusion, à l'abri du monde, elle devient lieu de vérité pour l'être. La relation entre le caché et le dévoilé est une question vitale de l'univers stendhalien.

JULIEN SOREL EST-IL UN AMBITIEUX ? L'ÊTRE CONTRE L'AVOIR

Tout comme on a vu en Julien un nouveau Tartuffe, on a cru reconnaître en lui un équivalent malchanceux de Rastignac, à qui la fortune n'aurait pas souri.

L'illusion de la fortune

Certes, à Verrières, Julien n'a qu'une idée en tête, « faire fortune ». Mais la fortune qu'il recherche semble n'être qu'un moyen, pas une fin en soi. « Pour Julien, faire fortune, c'était d'abord sortir de Verrières. » L'horizon n'est pas tant l'argent que cet espace de liberté et de gratuité où l'on peut enfin être soi, en dehors de la loi ambiante qui ne cherche que le revenu. Réussir, c'est alors faire triompher l'ordre de l'être sur celui de l'avoir. L'expérience et les déboires ne semblent rien apprendre à Julien.

Un faux ambitieux

Si l'on avait affaire à un homme qui veut vraiment parvenir, ou à l'ambitieux traditionnel, il ferait flèche de tout bois, il utiliserait ses échecs et ses réussites pour mieux contrôler sa conduite. Dans cette logique, c'est une monumentale stupidité que de tirer sur Mme de Rênal quand on commence à sortir de l'ornière. L'habile Tartuffe menant bien sa barque, l'ambitieux conscient et organisé n'aurait pas ainsi tout compromis. De même, quand Mme de Rênal rentre à Verrières avec les enfants et le lapin, Rastignac aurait fait bon accueil à cette femme, et peut-être, par calcul, à ses enfants, mais sûrement pas au lapin ! Le marquis lui-même remarque cette **vulnérabilité de Julien**, qui ne s'est inféodé à aucune coterie : « Non, il n'a pas le génie adroit et cauteleux d'un procureur qui ne perd ni une minute ni une opportunité. » La dépense de Julien se fait le plus souvent **à fonds perdu**. Il n'a d'ailleurs pas d'objectif très précis. J.P. Richard a pu écrire que « son imagination ne se fixe aucun but ; elle est **un mouvement pur**. Dans l'aigle qui symbolise pour lui le destin napoléonien, Julien admire l'aisance et la gratuité du vol, non pas la direction et la puissance ». Il ne s'agit jamais pour lui de devenir un notable riche et considéré : il le clame devant un parterre de bourgeois indignés. L'ambitieux, c'est Valenod qui « réussit » et, en définitive, triomphe, même de M. de Rênal.

La vraie réussite

L'ambition de Julien n'est pas là ; elle se place en dehors de Valenod ou Rênal, sur un autre plan auquel ils n'ont pas accès. D'où les nombreux moments **« d'oubli d'ambition »** dans lesquels il « admirait avec transport jusqu'aux chapeaux et robes de Mme de Rênal. Il ne pouvait se rassasier du plaisir de sentir leur parfum ». Il y a d'ailleurs trop d'**émotion esthétique** chez lui pour qu'on l'assimile au froid calculateur : ses élans devant la beauté trahissent son innocence. Comment comprendre autrement les transports qui sont les siens devant les colonnes de marbre de l'église, la façade et les salons de l'hôtel de La Mole, les toilettes militaires, mondaines, ecclésiastiques, les défilés ou les processions, bref tout ce qui théâtralise la vie ? En fait, la prison est le lieu où cet oubli d'ambition peut être définitif : « Il vivait d'amour et sans presque songer à l'avenir, l'ambition était morte dans son cœur. » Ce qui a faussé bien des interprétations du *Rouge*, c'est que Julien lui-même se croit ambitieux, **se trompe sur lui**. Il se prend tout à tour pour un grand stratège, un grand politique, un grand Don Juan. Il croit que sa force, c'est le plan, d'où ses fameuses résolutions comme celle de prendre la main de Mme de Rênal.

La découverte de soi

Il découvre à la fin seulement que sa vraie force est d'être ouvert à l'imprévu, d'**accueillir l'instant** et d'en jouir au mépris du calcul de l'avenir. Certes la clairvoyance de Julien est tardive, comme celle de

Stendhal lui-même qui note dans la *Vie de Henry Brulard* (chap. 2) :
« Réellement, je n'ai jamais été ambitieux, mais en 1811, je me croyais
ambitieux. » Tout le travail que Julien opère sur lui-même à l'intérieur
du roman est bien celui de l'élimination des erreurs et des faux-
semblants ; Stendhal note dans son journal (à l'âge de 18 ans !) :
« Presque tous les malheurs de la vie viennent des fausses idées que
nous avons sur ce qui nous arrive. Connaître à fond les hommes, juger
sainement des événements, est donc un grand pas vers le bonheur »,
bonheur qui n'est autre que l'accès à la vérité de soi. « La vérité, l'âpre
vérité », dit l'exergue sous lequel se place le livre.

Un monde manichéen

Tout le roman procède d'un conflit de forces contraires que le titre
déjà emblématise et qui sous-tend le développement du récit. L'univers romanesque de Stendhal est en effet très dialectique et se nourrit
d'un **jeu d'antinomies** assez évident pour qu'on puisse en faire
l'inventaire :

gratuité	revenu
jeunesse	« vieux, dévots et moroses »
passion	calcul
« folie »	raison
romanesque	prosaïsme
imaginaire	réalité
naïveté/innocence	hypocrisie
âme	esprit
Italie	France
Napoléon	Restauration
féminité	père
haut	bas
air (sublime)	terre (épaisseur)
etc.	etc.

Ce jeu d'oppositions dans le roman est intérieur au héros lui-même
qui naît déchiré, ne grandit que dans la **tension**, s'épanouit enfin quand
se résout cet affrontement originel avec un monde hostile dont le père
est le symbole. Le **dépassement de ce conflit** donne au héros l'**unité
de son être**, point d'aboutissement de son parcours auquel il aspire,

parfois sans le savoir, et qui marque aussi sa fin. Dans une société où beaucoup ne sont que ce qu'ils paraissent, monolithiques et satisfaits, et dans laquelle il éprouve sa différence, le héros stendhalien ne touche au bonheur que dans cette vérité de soi enfin atteinte à la frange du monde.

STRUCTURES DU ROMAN

	LIEUX	TEMPS
Livre I		
1 à 7	Verrières	Julien a dix-neuf ans
8 à 11	Vergy	Le printemps
12	Voyage dans la montagne (chez Fouqué)	Trois jours
13 à 17	Vergy	Le lendemain
18	Verrières/Bray-le-haut	Une journée : 3 septembre visite du Roi
19 à 22	Vergy	Julien a vingt ans
24 à 29	Le séminaire de Besançon	Quatorze mois
30	Verrières	
Livre II		
1	Voyage Verrières/Paris	
2 à 6	Paris, l'hôtel de la Mole	
7	Angleterre	
8 à 12	Paris	
13 à 14	Strasbourg	
25 à 33	Paris	Julien a vingt-deux ans
34	Strasbourg	Six semaines
35	Paris ; puis Verrières	
36	Verrières, puis Besançon	
37 à 45	La prison à Besançon	Deux mois
		Julien a vingt-trois ans

Éclaircissements historiques

Restauration : période pendant laquelle la monarchie française est rétablie, après la chute du Premier Empire (1815-1830).

Ultra : royaliste extrémiste, qui s'oppose à toute constitution et milite en faveur de la monarchie absolue.

Congrégation : Sous ce terme, Stendhal désigne en fait les Jésuites. Sous la Restauration, on confondit sous ce nom (et Stendhal aussi) une confrérie jésuite sans activité politique et une société secrète réactionnaire. Mais des liens, de personnes et de sensibilité, existaient entre les deux.

La Quotidienne et ***La Gazette De France :*** deux quotidiens ultra-royalistes.

Le Constitutionnel : principal organe du parti libéral.

Dépôt de mendicité : par décret du 5 juillet 1808, il fut créé dans chaque département « un dépôt de mendicité » pour assurer aux indigents un abri, la subsistance et du travail. La Restauration les supprimera peu à peu.

Jansénisme : doctrine théologique qui anima de nombreux débats au XVIIe siècle et encore au XIXe siècle.

« Les jansénistes accusèrent les Jésuites de professer une morale trop relâchée, et affectèrent une excessive pureté de mœurs et de principe. Les jansénistes furent donc en France des espèces de puritains catholiques, si toutefois ces deux mots peuvent s'allier. » (Balzac, *Le Médecin de campagne*).

Camarilla : nom espagnol désignant l'entourage intime du roi. Par extension, nom donné sous la Restauration à la faction des ultras, réunis autour du futur Charles X.

Malmaison : (pèlerinage de Julien à son arrivée à Paris) dernière résidence de Napoléon en France (après Waterloo), à 13 km de Paris.

Petit lexique stendhalien

Beylisme : ensemble des valeurs stendhaliennes (culte du moi, chasse au bonheur) que partagent les « happy few », c'est-à-dire le petit nombre des êtres selon le cœur de Stendhal.

Disinvoltura : abandon au caprice de l'instant et de l'instinct, grâce de l'imprévisible et du jeu, gaieté des âmes énergiques et passionnées (s'oppose à la raideur).

Espagnolisme : élan « donquichottesque » de l'âme, goût pour les grands sentiments, les belles actions et la générosité qui tire l'homme des petitesses ; don d'assumer sa nature en dépit de l'opinion publique et même du ridicule.

Esprit : capacité de l'intelligence à composer avec le monde, « l'esprit » est de surface et appartient encore au rôle à jouer dans la vie mondaine. Il se distingue de « l'âme », principe même de l'être profond, vulnérable dans le monde et contrainte à se masquer. « Son esprit était le bouffon de son âme » (*Lucien Leuwen*).

Folie : une manière d'être, propre aux héros stendhaliens, qui ressemble à un jaillissement de la source de l'être, un retour de l'instinct et du naturel, un saut de l'enfance ou un excès de sentiment.

Naïveté : ce mot n'est pas péjoratif chez Stendhal. Il est proche de son origine latine (*nativus*) et désigne une aptitude naturelle au bonheur, liée à une absence de duplicité. « Une facilité à être entraîné à un bonheur simple », selon Stendhal.

Sublime : ce mot signe une exaltation très forte qui dispense Stendhal, par connivence avec son lecteur, d'une trop longue description.

Virtù : mot italien dont le sens est proche de son étymon latin *virtus*, force virile. La *virtù* est, au-delà des morales, une morale de l'intensité passionnelle faite de valeur, de courage, et caractérise les âmes énergiques.

Quelques citations

LE ROUGE ET LE NOIR

Lectures

« ... les *Confessions* de Rousseau. C'était le seul livre à l'aide duquel son imagination se figurait le monde. Le recueil des bulletins de la Grande Armée et le *Mémorial de Sainte-Hélène* complétaient son coran. Il se serait fait tuer pour ces trois ouvrages. » (I,5)

Altitude - Bonheur

« Après tant de contrainte et de politique habile, seul, loin des regards des hommes, et, par instinct, ne craignant point Mme de Rênal, il se livrait au plaisir d'exister, si vif à cet âge, et au milieu des plus belles montagnes du monde » (I,8)

Napoléon

« Quelque épervier parti des grandes roches au-dessus de sa tête était aperçu par lui, de temps à autre, décrivant en silence des cercles immenses. L'œil de Julien suivait machinalement l'oiseau de proie. Ses mouvements tranquilles et puissants le frappaient, il enviait cette force, il enviait cet isolement. C'était la destinée de Napoléon, serait-ce un jour la sienne ? » (I,10)

Étourderie - Le « Rouge » sous le « Noir »

« Julien portait fort bien son surplis. Au moyen de je ne sais quel procédé de toilette ecclésiastique, il avait rendu ses beaux cheveux bouclés très plats ; mais, par un oubli qui redoubla la colère de M. Chélan, sous les longs plis de sa soutane on pouvait apercevoir les éperons du garde d'honneur. » (I,18)

Hypocrisie

« Au séminaire, il est une façon de manger un œuf à la coque, qui annonce les progrès faits dans la vie dévote. » (I,26)

Politique

« La politique dans le roman... un coup de pistolet au milieu d'un concert. » (II,22)

AUTRES ŒUVRES

Style

« Je fais tous les efforts possibles pour être sec. Je tremble toujours de n'avoir écrit qu'un soupir, quand je crois avoir noté une vérité. » (*De l'Amour*, I,57)

Vérité

« On ne peut plus atteindre au vrai que dans le roman. » (*Journal*, 24 mai 1834.)

Bonheur

« Cette plante si délicate qu'on nomme le bonheur. » (*La Chartreuse de Parme*.) « Je prends un des êtres que j'ai connus et je me dis : avec les mêmes habitudes contractées dans l'art d'aller tous les matins '' à la chasse au bonheur '', que ferait-il s'il avait plus d'esprit ? » (Lettre à Balzac, 16 oct. 1840)

Se cacher - le masque

« Les gens heureux savent, s'ils ont de l'esprit, que l'immense majorité des hommes, plongée dans l'ennui, n'en est retirée que par la passion de l'envie ; ils cachent donc leur vie : voilà leur secret. » (*La Chartreuse de Parme* 8 août 1806.)

Energie et civilisation

« Quand la présence continue du danger a été remplacée par les plaisirs de la civilisation moderne, la race des âmes héroïques a disparu du monde. » (*Mémoires sur Napoléon*, chap. 35.)

Paysage

« Les paysages étaient comme un archet qui jouait sur mon âme. » (*Vie de Henry Brulard*, II,14.)

Jugements critiques

« Si on prend *Le Rouge et le Noir*, force est bien de constater, malgré le réalisme apparent de l'ensemble, que les deux vraies réalités balzaciennes, l'argent et la promotion sociale, y sont traitées sur le pur mode des contes de fées. Magré tous les calculs de son ambition, l'argent ne parvient à Julien Sorel que sous la forme anonyme d'une mystérieuse lettre de change, la promotion, par le coup de baguette d'une convocation non moins mystérieuse chez le marquis de La Mole. Il n'y a d'ailleurs à aucun moment, dans la carrière de l'''arriviste'' Julien Sorel, la moindre relation entre la volonté et les résultats. Cela parce que Balzac, quand il est optimiste, est le romancier de la réussite planifiée, et Stendhal celui du bonheur, toujours plus ou moins enfant du miracle. » (Julien Gracq, *En lisant en écrivant*, J. Corti)

« Que cela plaise ou non à ceux qui nous donneraient volontiers de Stendhal une lecture ''populaire'', tout crie chez lui l'évidence d'une hiérarchie des êtres ; empressons-nous de préciser qu'elle n'est jamais sociale. Les ''Fils de Roi'' sont partout, et la naissance ni la fortune n'y font rien... L'élite se recrute dans toutes les classes, un fils de charpentier y cotoie une duchesse. Ceux qui en sont se reconnaissent dans la masse obtuse à certains signes : leur âme est d'une farine plus fine et requiert d'autres aliments. » (Philippe Berthier, « Le Corneille de Stendhal », *Stendhal Club* n° 116, 15 Juillet 1987)

« Le *temps* de la vie intérieure s'accélère ou se ralentit en effet selon le climat du moment, son degré de relâchement ou de tension. Il y a chez Stendhal une vitesse psychologique, et c'est elle qui se charge d'indiquer cette dimension essentielle dont une psychologie linéaire serait incapable de rendre compte [...] la composition du livre, qui suit le rythme intérieur de l'improvisation stendhalienne, repose sur cette alternance involontaire de repos et de galops, cette respiration profonde de la tension et de la détente, de la vie ramassée et de la vie qui s'étale. » (J.P. Richard, *Littérature et sensation*, « Points », Seuil)

« Julien pourrait faire en lui l'unité : soit dans un réalisme du Noir que ne troublerait aucune passion, soit dans un idéalisme du Rouge (dans une chimère) que le monde réel ne dérangerait pas. Or ce sont précisément ces facilités que son vouloir scrupuleux et intègre refuse. » (Michel Guérin, *La Politique de Stendhal*, PUF)

« La plus riche substance du *Rouge* est faite des pensées de Julien. Un tel roman ne peut se composer fort loin à l'avance ; on ne peut prévoir comment la page en cours va influer sur la page suivante ni comment le chapitre qui va suivre changera quelque chose au chapitre (seulement entrevu) qui doit lui succéder. » (J.Prévost, *La Création chez Stendhal*, « Idées », Gallimard)

« La façon dont Julien Sorel se rend criminel au moment de sa plus haute réussite montre combien celle-ci lui est intolérable. Il n'atteindra sa vérité et son triomphe que dans la prison d'où il pourra dominer, tout ensemble, et sa propre mort et la vanité du monde. A ce moment de rupture totale, l'imminence de la mort rend le masque inutile, elle le supplante. Il y a enfin une possibilité d'être soi, absurdement, magnifiquement. On dirait même que la volonté de puissance, chez Julien Sorel, se manifeste au dernier moment comme une absolue volonté de libération. » (Jean Starobinski, *L'Œil vivant*, Gallimard)

Index
thématique

Sujets
de travaux

Pour traiter les sujets proposés, utiliser notamment les commentaires des chapitres indiqués en renvoi.

EXEMPLES DE QUESTIONS D'ENSEMBLE
(susceptibles d'être posées à l'oral du Bac).

— Quelles peuvent être les significations du titre ?
(cf. Commentaire, chap. I, 5 et II, 41)

— Quel rôle joue le mythe de Napoléon dans le roman ?
(cf. Commentaire, chap. I, 2, 10, 18 et II, 41)

— En quoi *Le Rouge et le Noir* est-il une chronique de la Restauration ?
(cf. Commentaire, chap. I, 1, 2 et II, 4, 10, 20, 21, 41)

— Julien Sorel n'est-il qu'un ambitieux ?
(cf. Commentaire, chap. I, 5, 10, 22 et II, 41 et synthèse)

— Quels sont les différents visages du clergé et son rôle ?
(cf. Commentaire, chap. I, 5, 25, 26, 27, 29 et II, 43)

— Les livres et les modèles sont-ils décisifs dans le roman ?
(cf. Commentaire, chap. I, 4, 7, 10, 14, 15 et II, 41)

— Quel rôle joue la politique dans le roman ?
(cf. Commentaire, chap. I, 1, 2 et II, 20, 21)

— Quels sont les différents visages de l'amour dans le roman ?
(cf. Commentaire, chap. I, 3, 6, 8, 16, 30 et II, 2, 9, 12, 45)

— Peut-on parler d'une symbolique des lieux stendhaliens ?
(cf. Commentaire, chap. I, 1, 4, 8, 10, 12 et II, 3, 45)

— Peut-on comparer Julien Sorel à Tartuffe ?
(cf. Commentaire, chap. I, 14, 15 et synthèse)

— Quelle idée peut-on se faire du bonheur selon Stendhal, d'après *Le Rouge et le Noir* ?
(cf. Commentaire, chap. I, 8, 16 et II, 45)